工程项目现场HSE
专业监管技术

中国石油化工股份有限公司青岛安全工程研究院　组织编写
刘洋　主编

中国石化出版社

内 容 提 要

本书介绍了石油化工工程建设和检维修项目现场 HSE 专业监管技术，内容涵盖工程项目 HSE 管理过程、现场 HSE 专业监管、HSE 管理策划、项目 HSE 风险管理、现场 HSE 专业培训、工程承包商管理、现场作业活动监管、HSE 管理绩效考核评价以及 HSE 监管工具。

本书所述内容是作者在充分吸收石油石化安全管理经验的基础上研发而成的技术，既体现了国际石油化工企业安全管理通用规则，又能够满足石油化工工程建设和检维修项目现场 HSE 管理实际需求。非常适合石油化工工程建设和检维修项目一体化现场 HSE 专业监管技术人员参考和学习，也可供石油化工工程建设领域的管理人员参考。

图书在版编目(CIP)数据

工程项目现场 HSE 专业监管技术 / 刘洋主编;中国石油化工股份有限公司青岛安全工程研究院组织编写. —北京:中国石化出版社, 2018. 5
ISBN 978-7-5114-4834-7

Ⅰ. ①工… Ⅱ. ①刘… ②中… Ⅲ. ①工程项目管理-标准化 Ⅳ. ①F284-65

中国版本图书馆 CIP 数据核字(2018)第 054158 号

中国石化出版社出版发行
地址:北京市朝阳区吉市口路 9 号
邮编:100020 电话:(010)59964500
发行部电话:(010)59964526
http://www.sinopec-press.com
E-mail:press@ sinopec.com
北京富泰印刷有限责任公司印刷
全国各地新华书店经销
*
787×1092 毫米 16 开本 9. 5 印张 222 千字
2018 年 5 月第 1 版 2018 年 5 月第 1 次印刷
定价:45. 00 元

《工程项目现场HSE专业监管技术》
编 委 会

主　　编：刘　洋

副 主 编：辛　平　李　源　王绪鹏

编写人员：谷　涛　李洪伟　王才中

唐　政　张若昕

前言

PREFACE

石油化工工程建设和检维修项目的现场施工作业具有石油化工与建筑施工两大高危行业的危险。无论是周期长的工程建设项目还是“短、平、快”的检维修项目，都面临着作业任务繁重、现场人员庞杂、现场条件复杂和高危作业频繁的局面，加之石油化工行业固有的高温、高压、易燃、易爆、有毒和有害的风险，使得现场施工作业风险更大，更易发生安全事故。特别是在装置和设备日益大型化和集成化，普遍采用高新材料和高新工艺技术的今天，石油化工工程建设和检维修项目的现场施工作业更面临着日益严苛的实施条件和更加严格的现场管理要求。

面临严峻的现场 HSE 管理现实，当前的石油化工工程建设和检维修项目的现场安全管理却暴露出许多突出的问题，整体状况不容乐观。

现行的现场 HSE 管理的工作环节多、决策程序长、现场反应慢，遇到具体问题只能靠“能级下沉”来临时应对，往往造成管理职责不清。同时，由于项目的临时性和短期性，项目的 HSE 管理者难以沉下心来做些针对性的和适用性强的工作，反而是一般性的、表面性的、例行性和应付性的工作较多。特别是，现场 HSE 风险管理多是停留在文件上，体现在形式上，具体措施无人探讨，具体工作也不落实。项目组织内外的各层级 HSE 管理人员未能形成合力，现场监管力量“贫富”不均。

业主和工程承包商基本上只是依靠“合同”和“关系”来调整相互关系，难以充分调动各方主动协作的积极性。根深蒂固的“甲方”强势地位和处在“食物链”末端的“乙方”弱势现状更不能促使工程承包商发挥其现场直接作业环节的管理经验优势，无法有效调动其对直接作业环节安全管理的主动性。

业主定员编制限制和现场 HSE 监管的强制性要求矛盾较大，基层单位普遍感到现有人员从数量和业务素质上无法满足日益严格的安全管理要求。特别是，装置工艺人员缺乏施工作业的相关知识和 HSE 管理经验，缺少相应的专业技术支持，也没有整合相应管理资源的权利。同时，对各项管理制度执行力不足，相关培训工作与实际要求差距还比较大。

相当一部分工程承包商、供应商和技术合作商缺乏完整的HSE管理组织、HSE管理人员和HSE管理体系，直接作业人员的HSE基本技能、知识和经验缺失，施工机械装备和施工机具管理混乱，转包、违法分包和违法劳务合作现象普遍存在，现场管理状况堪忧。

近年来，石化企业发生的安全事故绝大部分涉及工程承包商。据统计，近几年石化企业安全事故75%以上发生在工程建设、检维修等施工直接作业环节。承包商事故数占总事故数的60%以上，承包商死亡人数占总死亡人数的70%以上，承包商的事故起数和死亡人数均高于企业内部事故。

如何有效管控工程建设和检维修项目现场直接作业环节的HSE工作是石化企业面临的紧迫课题。基于以上，中国石化青岛安全工程研究院在充分吸收中国石化安全管理经验的基础上，将其研发出的适用于石油化工工程建设和检维修项目的一体化现场HSE专业监管技术和方法进行了总结提炼，组织人员编写了本书。

本书介绍的石油化工工程建设和检维修项目现场HSE专业监管技术，已在国内石化行业进行了成功应用。该新型、先进、高效、实用的安全管理方法，既体现了国际石油化工企业安全管理通用规则，又能够满足石油化工工程建设和检维修项目现场HSE管理实际需求。内容涵盖工程项目HSE管理过程、现场HSE专业监管、HSE管理策划、项目HSE风险管理、现场HSE专业培训、工程承包商管理、现场作业活动监管、HSE管理绩效考核评价和HSE监管工具等。

目录
CONTENTS

第一章　工程项目 HSE 管理过程

我国石化企业的 HSE 管理体系是在吸收借鉴了国外大公司相关管理体系的基础上，结合自身特点建立的。虽然其基本框架是按照“过程管理”的结构设立，但是具体的专业管理工作却是按照“要素管理”的方式实施，基本上是把管理过程与专业管理工作相结合，形成相对独立的要素；每个要素内，又按照“PDCA 循环”，实施许多相互重复的专业管理工作。实际上，HSE 管理体系是以“要素管理”为实施脉络的，而工程项目管理则是完全按照管理过程形成集成管理的实施模式，将专业管理工作分离出来，形成管理职能领域。所以，工程项目管理是以“过程管理”为实施脉络的。实践中，“过程管理”模式更符合工程项目管理的工作习惯。

正是由于存在这种差别，在项目管理的具体实践中，往往容易产生习惯做法与体系要求不同步的现象。再加上目前在 HSE 管理体系的推行和宣传工作中，又过分强调其创新性和独立性，更使人们容易产生一些误解：一是，HSE 管理是独立于工程项目管理体系的一种全新的管理方法，是工程项目管理工作中一项附加的工作，是项目管理人员的一项额外的、强制性的工作；二是，HSE 管理需要依靠专业管理人员来完成，工程项目管理人员只是做辅助；三是，HSE 管理的工作程序比较复杂，工作方法比较特殊，独立于工程项目管理体系之外。这些误解或模糊的认识，正是阻碍 HSE 管理体系推行的主要障碍。

在项目现场 HSE 管理工作实践中，我们认识到：HSE 管理活动在工程项目的整个生命周期内“全过程、系统运行”，在项目的整个管理过程中“持续改进”。从这个基本认识出发，我们从工程项目集成管理及职能管理领域入手，探索 HSE 管理体系与工程项目管理体系相融合的途径，提出了“工程项目 HSE 管理过程”的概念。

工程项目 HSE 管理是指对工程项目的健康（health）、安全（safety）和环境（environment）所实施的专业管理。传统上把这三种专业管理分为安全、现场文明施工、职业卫生、工地生活卫生和现场总平面管理等几个方面进行管理，习惯上称其为“安全管理”。但是，这种习惯上的称谓与这几项工作的实际内容相差甚大。

工程项目 HSE 管理分为三个管理过程，依次是：HSE 管理策划、实施 HSE 管理活动、检查与评审。见图 1-1。

第一节　HSE 管理策划

一、定义

HSE 管理策划过程是指制定项目 HSE 管理总体实施计划和组建项目 HSE 管理体系。这个过程是项目计划管理过程的一个组成部分，它的各项内容和各个专业管理计划

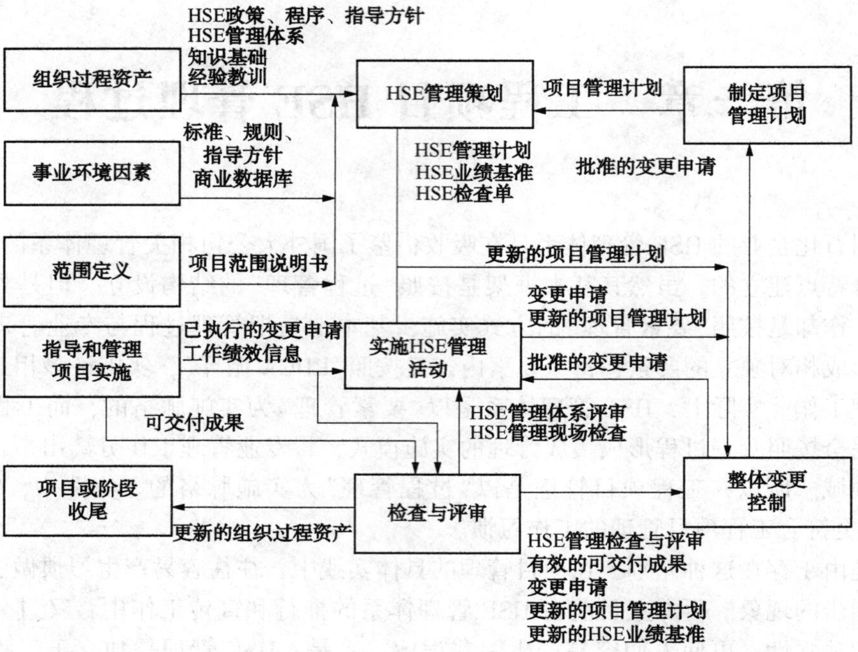

图 1-1　工程项目 HSE 管理

应当与项目管理计划的相应部分相结合，形成统一的工程项目管理计划。

这个过程还要将已经建立和有效运转的 HSE 管理体系组织结构延伸到工程项目层级，确立组织(企业层级或项目层级)的 HSE 管理战略、目标和组织体系，为工程项目的 HSE 管理提供战略、政策、制度和资源支持。见图 1-2。

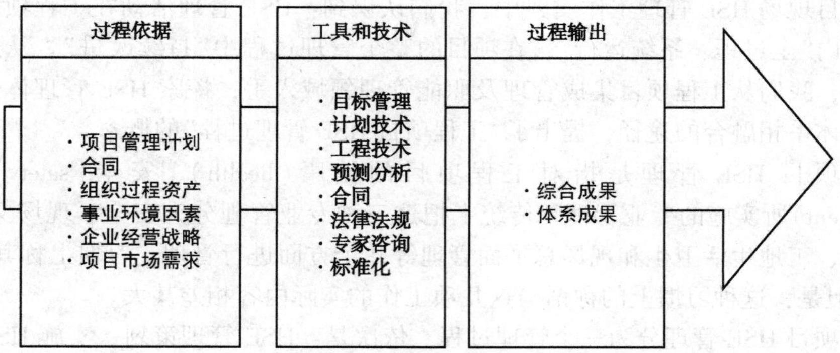

图 1-2　HSE 管理策划

二、过程依据

(1) 事业环境因素；

(2) 组织过程资产；

(3) 承包合同；

(4) 项目设计文件和范围定义文件；

(5) 项目管理计划；

（6）项目现场实际情况；
（7）企业经营战略；
（8）项目市场需求。

三、工具和技术

（1）专家咨询；
（2）标准化；
（3）体系认证；
（4）目标管理；
（5）预测和分析；
（6）计划技术；
（7）合同；
（8）法律法规；
（9）工程技术。

四、过程输出

1. 综合成果

（1）项目 HSE 管理计划；
（2）项目 HSE 管理体系；
（3）HSE 管理基准；
（4）变更申请。

2. 体系成果

（1）领导承诺、方针、目标和责任；
（2）组织机构；
（3）职责；

（4）资源，包括两个方面：一是为项目的 HSE 管理工作提供必要的人力、物力和财力支持；二是项目为完成 HSE 管理目标，通过相应的方式获取必要的人力、物力和财力资源；

（5）HSE 管理目标分解；
（6）项目 HSE 管理机构设置；
（7）项目 HSE 管理委员会人员构成；
（8）项目 HSE 管理岗位职责；
（9）项目职能部门 HSE 实施计划；
（10）建立机制和制度，签订责任书；
（11）绩效考核程序和考核内容；
（12）资金管理计划；
（13）专职人员配备计划；
（14）物力资源计划；
（15）信息沟通计划；

（16）文件控制范围和控制要求；
（17）项目 HSE 风险管理计划和隐患治理计划；
（18）承包商和供应商管理计划；
（19）施工作业管理计划；
（20）设备、设施管理计划；
（21）HSE 变更管理计划；
（22）应急管理和事故处置计划。

第二节　实施 HSE 管理活动

一、定义

实施 HSE 管理活动过程是按照项目 HSE 管理计划，在项目的实施过程中，进行相应的具体的 HSE 管理活动，其成果体现为满足项目目标的 HSE 管理业绩。实质上以项目 HSE 管理计划为基准，以"检查与审核"过程的成果为指导，通过 HSE 管理的各项专业管理活动，在项目实施过程中实现项目 HSE 管理目标。见图 1–3。

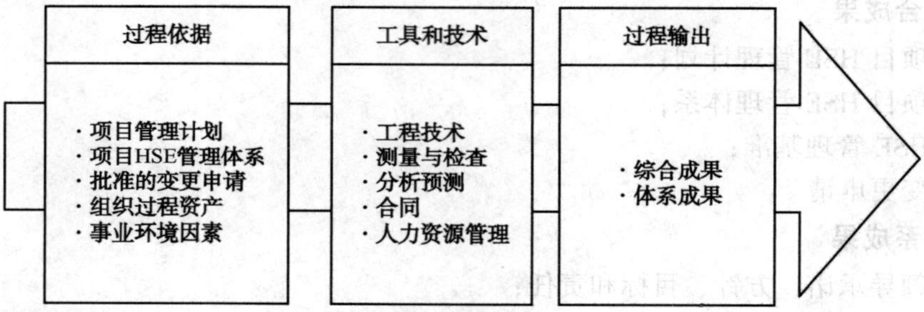

图 1–3　实施 HSE 管理活动

二、过程依据

（1）项目 HSE 管理计划；
（2）项目 HSE 管理体系；
（3）批准的变更申请；
（4）项目现场实际情况。

三、工具和技术

（1）定期报告；
（2）现场检查和评价；
（3）项目团队管理和建设；
（4）合同；
（5）计算机技术；
（6）分析与预测。

四、过程输出

1. 综合成果

（1）项目 HSE 管理评价报告；

（2）可交付成果；

（3）变更申请；

（4）HSE 管理绩效检查记录。

2. 体系成果

（1）资金使用管理；

（2）HSE 专职人员配备、登记与管理；

（3）人员培训；

（4）信息交流管理；

（5）文件控制管理；

（6）HSE 风险管理活动；

（7）隐患治理活动；

（8）承包商和供应商管理；

（9）现场作业管理；

（10）设备、设施管理；

（11）变更管理；

（12）应急管理和事故处理与预防。

第三节　检查与审核

一、定义

检查与审核过程是监督、检查、控制项目 HSE 管理活动，提出必要的预防行为和纠正措施，考核 HSE 管理活动实施效果，为企业和项目 HSE 管理的持续改进提供工作信息，这个过程包括对 HSE 管理体系的评审工作。见图 1-4。

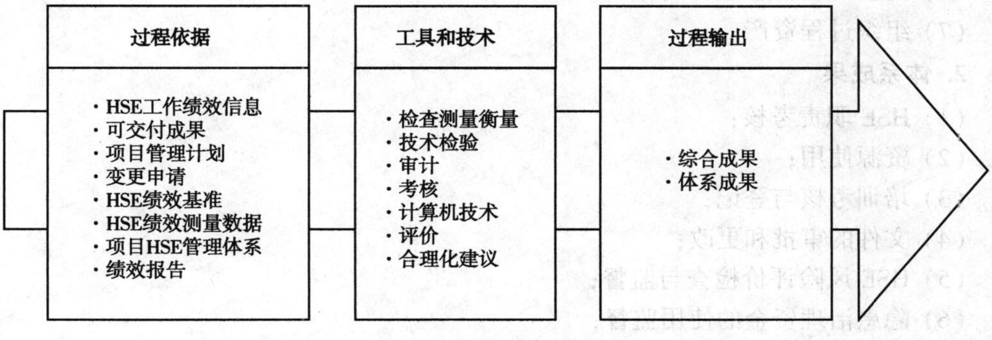

图 1-4　检查与审核

二、过程依据

（1）项目 HSE 管理评价报告；
（2）绩效报告；
（3）可交付成果；
（4）变更申请；
（5）HSE 管理检查记录；
（6）项目 HSE 管理计划；
（7）项目 HSE 管理体系；
（8）项目现场实际情况；
（9）HSE 管理绩效基准。

三、工具和技术

（1）检查和测量；
（2）技术检验；
（3）标准与规范；
（4）审计；
（5）计算机技术；
（6）评价；
（7）合理化建议。

四、过程输出

1. 综合成果

（1）检查报告；
（2）考核结论；
（3）审核报告；
（4）验证的可交付成果；
（5）批准的变更申请；
（6）更新的项目管理计划；
（7）组织过程资产。

2. 体系成果

（1）HSE 职责考核；
（2）资源使用；
（3）培训考核与登记；
（4）文件的审批和更改；
（5）HSE 风险评价检查与监督；
（6）隐患治理资金的使用监督；
（7）承包商和供应商管理的监督、检查、考核与评价；
（8）现场作业过程的检查、监督与考核；

（9）设备、设施的检验；
（10）变更管理；
（11）应急管理；
（12）检查与监督；
（13）事故处理与预防；
（14）审核；
（15）持续改进的项目 HSE 管理体系；
（16）对于企业 HSE 管理体系的改进建议。

第二章　现场 HSE 专业监管

现场 HSE 专业监管是指项目建设方或业主方委托具有相应 HSE 专业管理能力和经验的单位，对石油化工工程建设和检维修项目的现场作业活动进行第三方 HSE 专业监督和管理。

第一节　现场 HSE 专业监管基础

一、现场 HSE 专业监管组织形式

实践中，现场 HSE 专业监管多是以“IPMT”（一体化项目管理团队）为基础，采用“业主+第三方+承包商”的组织模式。业主 HSE 管理人员、第三方 HSE 专业管理专家和工程承包商 HSE 管理人员共同组成项目 HSE 管理团队，按照“属地管理”“业务管理”和“专业管理”的原则，对现场直接作业活动实施监督和管理。这种方式改变了以往单纯依靠“合同”各自为政的分散管理方式，整合了现场 HSE 管理资源，弥补了各自固有的专业技术弱点。

第三方 HSE 专业管理专家团队配备具有各类施工作业 HSE 管理能力和经验的专业工程师，主要是有针对性地对起重吊装、临时脚手架、临时用电、特种设备、射线作业和 HSE 培训等专业施工作业活动进行具体监管。业主方的相应专业人员则侧重于工艺操作和装置设备的 HSE 监管。由于第三方 HSE 专业管理专家与被管理方不存在商业利益上的关联，可以独立公正地开展工作。

二、现场 HSE 专业监管工作方式和问题处理程序

第三方 HSE 专业管理专家团队由专业工程师和区域工程师组成，或者以委托方项目管理组织成员的身份，直接任职，从事相应的 HSE 管理活动；或者是与委托方 HSE 管理人员共同组成专业管理团队，共同实施相应 HSE 管理活动；或者是组成单一成员的专业工作小组，负责责任区内直接作业活动监督和检查；或者是以专家的身份，为委托方的 HSE 管理活动提供专业技术支持。

一般地，采用“专业工程师集中”和“区域工程师定点”的工作方式。区域工程师按照项目范围分为若干个小组，定点负责相应的作业区域（装置或装置区域）。专业工程师相对集中，对整个项目、重点工程或重点区域进行全面巡查和专业检查。同时，根据区域工程师的需求对特定责任区内的特定问题提供技术支持。

对于工作中发生的现场问题，按照“专业工程师专业指导，区域工程师定点负责”和“区域工程师充分授权，专业工程师紧急事权”的原则进行处理。对于责任区内出现的问题，区域工程师尽其能力进行处理，无法确定的专业问题则由专业工程师提供技术

支持。区域工程师具有责任区内的问题处置权、专业问题和紧急问题的决策执行监督权；专业工程师对紧急问题可以直接处置，并同时告知相应的区域工程师。

三、现场 HSE 专业监管项目的实施

在获得委托合同后，即开始组建第三方 HSE 管理专家项目团队。在确定项目管理模式后，任命项目经理，选派专业工程师和区域工程师。

项目开始前，第三方 HSE 管理专家团队派出人员协助委托方进行项目 HSE 管理策划，组织编制相关管理文件，开展前期 HSE 专业培训。在适当的时候，派遣相应的人员先期进入现场开展团队入驻现场、建立沟通机制、组织入场 HSE 专业培训和办理相关手续等准备工作。专家团队按项目实施计划进入现场后，按照分工开展现场监管工作，按委托方要求和相关制度定期报告。项目后期，按项目计划分批撤出人员。项目结束后，专家团队向委托方提交工作总结和项目总结。

第三方 HSE 专业监管工作程序见图 2–1。

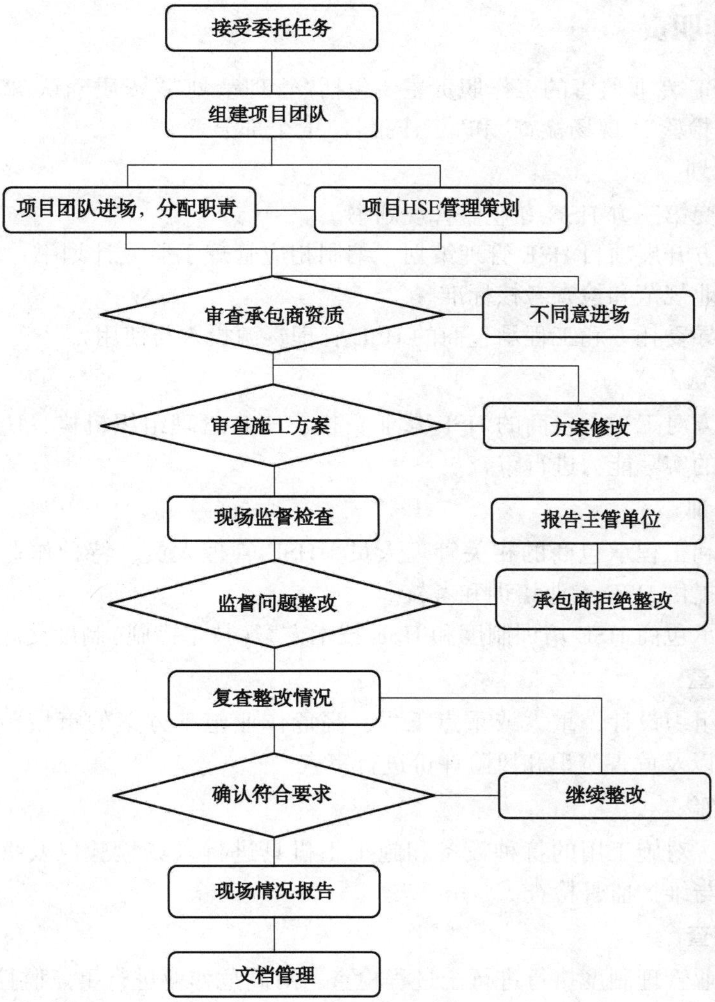

图 2–1　第三方 HSE 专业监管工作程序

第二节　现场 HSE 专业监管的范围、职责和内容

一、项目范围

一般地，现场 HSE 专业监管的项目范围由委托合同或协议规定：

在项目阶段上，对于工程建设项目，第三方 HSE 专业监管工作覆盖项目准备阶段至交工阶段，多是从现场“三通一平”开始至项目试生产为止。对于检维修项目则多是在项目现场实施阶段，即现场施工开始至装置交出开车为止。

在工作范围上，第三方 HSE 专业监管工作涵盖“HSE 管理状况和 HSE 管理体系评估”“HSE 管理策划”“危害辨识和风险评价”“专业方案或措施审查”“人员资质评审和检查”“施工设备和机具检查”“现场专业培训”“现场作业活动监督和检查”“专业技术咨询和指导”和“HSE 管理绩效评估”的全部过程和主要方面。

二、工作职责

第三方 HSE 专业监管的工作职责主要包括“管理策划”“资质确认”“现场培训”“方案审查”“设备检验”“现场检查”和“工作报告”七个部分。

1. 管理策划

编制和提交第三方 HSE 专业监管规划书。

协助委托方开展项目 HSE 管理策划，编制相应管理手册或计划书；制定 HSE 管理制度、现场作业规范和检查考核标准。

检查和指导委托方和工程承包商的 HSE 管理资源投入与使用。

2. 资质确认

协助委托方对工程承包商的 HSE 从业资格、HSE 管理组织机构、HSE 管理制度体系和履行合同的实际能力进行审查。

3. 现场培训

为委托方和工程承包商的相关管理人员、HSE 管理人员、特种作业人员和许可作业监护人员等提供 HSE 专业培训和考核。

检查工程承包商 HSE 培训制度和 HSE 技术方案(技术措施)制度交底执行情况。

4. 方案审查

参与施工组织设计、重大或重点工程、高危作业施工方案的审核，对专项方案的 HSE 技术措施以及危害辨识和风险评价进行审查。

5. 设备检验

按照分工，对施工用的特种设备和施工工机具进行入场检验以及拆卸、安装、验收、日常使用与维护监督检查。

6. 现场检查

对许可作业管理制度执行进行全过程检查，对高危作业进行重点监控。

对施工组织设计、施工方案的 HSE 技术措施落实和方案实施进行跟踪和监控。

对作业现场进行巡视检查，对现场 HSE 管理状况进行监督，对现场施工作业活动进行控制，纠正违章行为，消除事故隐患。

对委托方相应管理人员和工程承包商 HSE 管理人员职责履行情况进行监督和指导。

对参与作业的特种作业人员提供直接作业环节 HSE 专业技术指导。

7. 工作报告

报告现场事故隐患和整改情况。

报告现场 HSE 管理状况，评估承包商 HSE 体系运行情况，提出现场 HSE 管理建议。

三、工作内容

在项目实施过程中，第三方 HSE 专业监管分为“项目准备”和“现场实施”两个阶段实施具体监管活动。

1. 项目准备阶段

以危害辨识和风险评价为主线，依据相关制度规范和工作经验，结合项目实际情况，开展系统化的 HSE 管理策划，编制切实可行的 HSE 管理计划和专项方案，形成项目干系人有效沟通和形成共识的管理平台。

结合施工实际和管理要求，对现场涉及的 HSE 管理标准、规定和制度进行识别，补充制定专业统一、规范和可行的 HSE 管理标准，确保管理标准的有效性、适用性、一致性和合规性。

根据现场作业要求，协助委托方审查工程承包商(含总包单位与分包单位)的从业资质、安全生产许可证书、安全协议签订、HSE 管理体系、项目 HSE 管理目标和工程分包的合规合法性。

以 HSE 管理计划为依据，结合直接作业环节实际需求和施工直接作业人员状况，开展针对关键岗位、重要人员的 HSE 专业培训，监督检查施工组织设计、专项施工方案、HSE 技术措施和 HSE 管理制度的专项培训工作。

按照责任分工，参与重点工程、危险作业和关键工序的施工方案审查、交底和实施条件确认。监督检查相关技术文件的编审程序、技术论证、高危作业控制、现场作业防护、文明施工、冬雨期施工、新技术新材料新工艺应用、应急预案等完备性和合规合法性。

结合现场监督检查，实施设备入场检验、人员入场上岗、关键岗位任职人员、现场 HSE 管理人员、直接作业环节现场条件和直接作业人员资质和能力确认和控制。

2. 现场实施阶段

检查现场作业条件、作业前危害辨识和风险评价、作业现场总平面布置、HSE 技术措施、自然气象条件、施工作业工机具检查验收、应急救援设备、作业许可等情况。

检查工程承包商的 HSE 管理体系运行、HSE 管理制度执行、HSE 专项费用使用、HSE 管理人员上岗履职、许可作业监护人员上岗履职情况。

检查施工组织设计、专项作业方案、HSE 技术措施、应急预案等 HSE 管理指导文件的执行情况。

检查现场安全防护装具与设备（含个人）、作业工机具（特别是特种设备）、临时用电设备和系统、脚手架、消防、防汛、防震、职业卫生、危险化学品、放射源、仓库、计量设施和仪表、交通管制、生活和办公设施、警示和标识等。

监督检查现场日常各种作业活动，组织定期或专项 HSE 检查，与项目干系人充分及时沟通和实施现场检查监督活动；以专业技术指导为形式，推行“发现问题当场整改”的工作方式，保证施工期间 HSE 管理的有效性和及时性。

按照相关规定，参加或组织现场 HSE 相关会议，报告现场 HSE 管理状况，考核 HSE 管理绩效。

第三节 检维修项目 HSE 专业监管的“敏捷”项目管理

检维修项目 HSE 专业监管的“敏捷项目管理”是指运用“敏捷管理”的核心价值、原则和方法，通过改造管理组织、管理模式、管理流程和管理方法，在检维修项目的现场 HSE 管理活动中实现“个体和互动高于流程和工具”“可工作软件高于详尽的文档”“客户合作高于合同谈判”和“相应变化高于遵循计划”。

石油化工装置检维修项目具有“时间刚性约束”“高密度高强度的资源投入”和“范围、需求和基准多变”的显著特点，特别是以“最短工期”为首要目标。在“工期”这个第一位的“刚性约束”限制下，一切为了结果——早开车，开好车！从而要求对于整个现场区域内和全部作业时段内，在不确定的时间和不确定的地点出现的问题能够及时发现，当即决策，有效应对。因此，在现场直接作业的“信息收集”“信息传递”和“管理决策”三个环节上，传统项目管理“阶段审查”“层级反馈”和“程序决策”的方法就暴露出“决策程序繁多”和“处理反应迟缓”诸多问题，不能适应检修项目的实际需求。同时，由“最短工期”所引发的现场“信息不完整”“需求不清晰”和“方案未优化”，又必然产生独有的“不确定性”或更加难以预测的“风险”。

如何实现检修现场 HSE 管理活动的“即时性”“连续性”和“有效性”日益成为 HSE 管理的焦点。现场的管理需求要求在“项目组织形式”“现场风险管理”“现场决策程序”“现场信息管理”和“现场监管方式”上，探索新思路。

将“敏捷项目管理”的理念、形式和方法，应用到石油化工装置和设备检维修项目 HSE 管理工作中，组建现场 HSE“敏捷”管理团队，形成专家把关、集体负责的现场作业 HSE 风险管理机制，推行“滚动、平行、交叉、循环或螺旋上升”实施的项目 HSE 管理过程，结合敏捷决策和敏捷信息管理，实施敏捷现场控制。

一、项目团队的组织和运作

在“一体化项目管理团队”的基础上，运用“敏捷项目管理”的理念和组织架构组建针对具体工程、具体区域或具体部位的“自组织”现场 HSE 敏捷管理团队。

敏捷管理团队依托“安全网格化管理”和“保护层管理”组织，采取“分散设置”“成员精干”“独立决策”和“专业整合”的人员配置，将传统层级设置的项目组织转化为由不同专家组成的“团块化”的敏捷项目团队。在敏捷项目团队的运作上采取如下六个方式来完成工作。由图 2-2 可以看出敏捷项目组织和传统项目组织的区别。

（1）由熟悉设备或装置情况、掌握施工作业专业技术、具有相应的现场经验和有富有进取心专业人员组成“敏捷管理团队”。团队要获得充分的授权，并为其提供必要的环境和支持，为实现“独立决策”提供业务基础。同时，要对团队成员进行相应的“敏捷管理”方法培训。

（2）各个“敏捷项目管理”组织之间和其内部，按照项目 HSE 风险分层管理和作业分级管理的原则，不同专业分级授权，自主处置权限内的 HSE 管理事务。但是，团队成员应当作为一个整体而不是个人来承担责任。

（3）在强调不同专业和各个项目干系人合作基础上，确定共同的 HSE 管理目标，明确相应的 HSE 管理责任。在运行过程中，注重现场协调和解决冲突，现场权衡决策，现场总结经验，形成不同专业的现场 HSE 管理合力。

（4）项目组织成员从项目初始阶段开始，就尽可能地在一起集中工作。集体性的管理活动，形成普遍一致的工作习惯和工作方式方法。

（5）无论团队内外，信息沟通以采用效果最好和效率最高的面对面交谈方式为主。

（6）不去刻意强求问题的“最佳解决”方案，而是提倡可持续的、反复迭代的和螺旋上升式的团队工作方式。

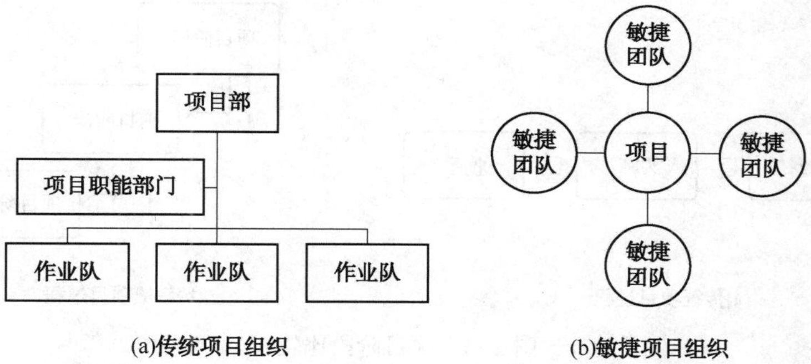

图 2-2　项目组织比较

二、现场作业 HSE 风险管理

随着项目管理活动的“分散设置”和“独立决策”，依托 HSE 风险“分层管理”和现场作业“分级管理”的组织架构，将直接作业环节 HSE 风险管理的责任直接落在“敏捷管理团队”肩上。因此，“敏捷管理团队”的 HSE 风险管理活动也与传统的项目 HSE 风险管理有所不同，其核心就是将传统的、网格化的、分工负责的项目 HSE 风险机制转化为以敏捷管理团队为单位、专家把关、集体负责的现场作业 HSE 风险管理机制。具体实施时需注意以下几点：

（1）作为“敏捷管理团队”的一员，工程承包商从过去被动的“被管理方”，转变为主动的“业务或专业管理者”。全过程地参与现场 HSE 风险管理，按照责任分工开展相应的 HSE 风险管理活动，特别是在项目初期。

（2）充分利用“敏捷管理团队”里的专家，规范 HSE 风险管理活动，深化 HSE 风险管理结果。特别是，在项目的策划阶段，要有意识地派出专家组会同计划制定者开展 HSE 风险管理，尽量减少实施过程中的不确定性。

（3）尽可能地利用各种技术手段、过往的经验和相同或相似项目的对比，深入研判设备状态，提高对“隐蔽部位”的技术可视性，提高预先准备措施的准确性。

（4）根据现场具体条件和作业实际情况，综合团队内的不同专业意见，确定现场作业的 HSE 风险优先级。将现场 HSE 风险管理的重点放在具有重要优先级的危害因素控制上。对于其他优先级较低的危害因素，根据项目资源的可获得性，预先留足必要的应急资源。

（5）项目团队对于现场出现的问题保持“一线”直接接触的“存在感”，进行及时快速地反应和应对。

三、HSE 管理的策划与实施

敏捷项目的 HSE 管理策划就是充分利用“敏捷项目管理”的“变化适应性”特点，将传统的项目前期管理策划转变为作业实施过程中即时的管理策划，将传统的“确定性策划”转变为现场有针对性的预测预判，将传统的“过程性依次”实施转变为“滚动、平行、交叉、循环或螺旋上升”实施。敏捷项目过程与传统项目过程区别见图 2-3。具体实施时需注意以下几点：

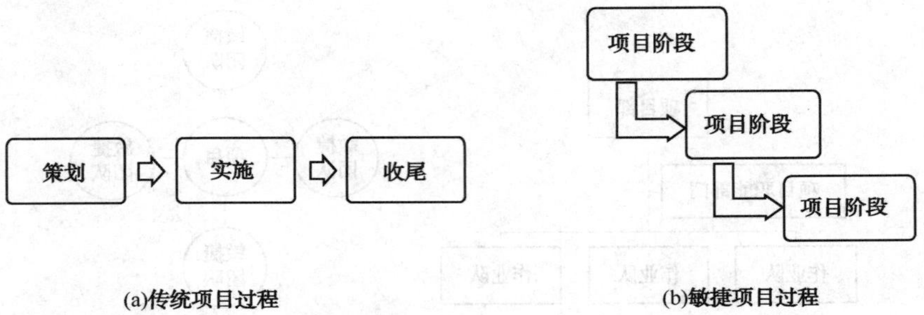

图 2-3　项目阶段比较

（1）有针对性地提高项目策划工作的深度和广度，充分发挥“敏捷管理团队”不同专业集合和相对熟悉情况的综合优势，根据过往经验和相似项目情况，提前预测可能产生的不确定性内容。对于设备打开检查、清洗、试验和检查鉴定项目等要根据对周期内设备运行情况的分析，结合经验和同类设备状态进行全面评价，利用必要的技术手段尽量实现对未暴露隐患的“技术可视性”。

（2）对确定性的检修项目要组织专家和作业者，通过各种先置性的技术措施，确认施工结合部位的技术参数、可施工性和工艺性，减少作业开始阶段的意外不确定性。

（3）在检修过程中，分阶段组织“敏捷管理团队”相应专家对检修计划项目逐项进行现场实地勘查，确认计划与实际情况的符合程度和偏差情况，并根据现场情况进行变更。

（4）在作业过程中，有针对性地组织“敏捷管理团队”相应专家对施工组织设计、施工方案或施工工艺逐项结合现场实际情况进行审查和相关技术措施可行性确认，并根据现场情况进行变更。

（5）组织“敏捷管理团队”相应专家对直接作业者、检修计划项目、施工技术文件和作业 HSE 风险逐项进行“面对面”的现场交底，并现场跟踪、指导和监督实施。

(6) 不追求策划的“完善”“圆满”和“各方共识”，而是将精力集中在“及时”和“适用”上。分级确定目标，现场确定方案，实施过程中根据实际情况的变化进行适用变更。

(7) 利用现场集中工作的优势，尽量减少文档或记录，减少报告或评审。通过“面对面”的沟通，聚焦现场直接作业环节。

四、现场 HSE 管理决策

敏捷管理决策是敏捷项目管理方法与传统项目管理方法最明显的不同点，也是之所以运用这种方法的根本所在。其核心思想是“变传统的层级权限为现场分散授权”，“变传统的线性程序审核为现场集中决策”，“变传统的组织外部专家支持为团队专业会商”，“变传统的事后决策为即时决策”。敏捷项目决策与传统项目决策区别见图 2-4。具体实施时需注意以下几点：

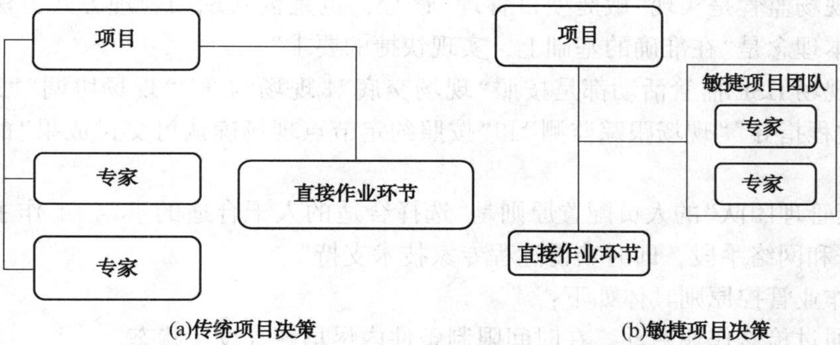

图 2-4　项目决策比较

(1) 依靠现场“敏捷管理团队”进行决策，提高现场检查鉴定专家人员的技术决策地位，充分发挥其技术决策作用。

(2) 按照项目范围、管理权限、资源控制和专业设置分级授权，让“敏捷管理团队”在授权范围内全权自主决策。

(3) 利用多种信息技术手段，形成“一体化项目管理团队”内部信息透明共享，及时反馈“敏捷管理团队”的决策信息。

(4) “敏捷管理团队”针对具体实际情况进行现场会商，将决策优先级与作业工艺和工程实际相结合，决策的上报审批程序和作业实施准备并行。

(5) 项目经理或现场团队负责人只是担任“仆人”的角色。通过指导团队活动、排除外部障碍、集中工作精力来促进团队成长。

(6) 团队成员之间是以“专家”角色出现的“跨职能协作”。在共同的项目目标下，承担不同的团队任务。

(7) “责任”是敏捷项目团队的核心和生命线。在团队内部，每一个成员对自己的“专业工作绩效”负责，团队共同对“现场管理绩效”负责，而实现这种“责任制”的动力就是“自管理团队”的运行模式。

五、现场 HSE 信息管理

加快现场 HSE 管理信息的传递速度，提高现场 HSE 管理信息的综合利用程度是“敏捷信息管理”的根本出发点，也是实现“敏捷项目管理”的主要技术途径。

只做必须的“文件”和“程序”。仅限于为满足法律法规和企业规章制度要求的管理体系例行文件和记录，充分利用电子和网络手段，充分利用各种有效的现场“即时”和“面对面”的沟通方式方法，尽量减少重复和低效的程序和文件。

将项目规定的“行政”审批程序节点对现场作业控制的影响作为 HSE 风险因素纳入项目 HSE 风险管理。从项目运行设置上创新理念和方法，把传统的审核审批环节转化为上级项目组织为“敏捷管理团队”提供的例行性业务支持。

六、现场直接作业活动监管

敏捷现场监管是实现“敏捷项目管理”途径，也是创新现场管理方式方法的主要环节，其基本理念是“在准确的基础上，实现快捷的要求”。

全部现场 HSE 监管活动都是按照“现场交底”“现场沟通”“现场协调”“现场决策”“现场全过程指导”“现场跟踪监测”和“按照约定节点现场确认可交付成果”的程序自主进行。

“敏捷管理团队”的人员配置原则是“选择合适的人干合适的事”，工作主要方法是“利用电子和网络手段，即时获得远程专家技术支持”。

现场作业管控原则具体如下：

（1）通过检修作业活动，在时间限制条件内尽早恢复设备状态。

（2）对于确定性的作业管控活动，考核完成的数量。对于不确定性的作业管控活动，考核 HSE 风险等级减少程度。

（3）按照预判的风险优先级，根据工艺处理过程，尽早打开设备，确认实际技术状态，变不确定性为确定状态。

（4）在“敏捷管理团队”中，强调“发现问题和解决问题”是每一个团队成员的责任和义务。特别强调直接作业人员的主动性，并设立相应的激励机制。

（5）按照施工作业工艺过程，细化并确定过程确认点，过程确认点是“敏捷管理团队”成员之间达成共识的过程节点。除行政程序和文件必需的点位外，原则上不需对所有的过程确认点形成文件和记录。

（6）确立“检查确认是为了对现场作业过程中的 HSE 管控状态达成共识”的理念，改变传统“甲方检查，乙方迎检”的单纯“合同管理”方式。将习惯的现场检查，即“挑毛病”和“查隐患”，改变为现场检查是“现场状态确认”和“管理层级提升”。

第三章　HSE 管理策划

HSE 管理策划是指对项目 HSE 管理全过程的活动进行的事先安排和规划。HSE 管理策划是在项目前期准备阶段进行的，可交付成果是项目 HSE 管理计划(项目 HSE 管理手册)。HSE 管理计划(项目 HSE 管理手册)是指导项目各项 HSE 管理活动的计划性文件，是项目 HSE 管理的“基本法”。

当前，大多数石油化工企业只是根据自身的管理需求来开展 HSE 管理策划，很少考虑工程承包商和项目管理实际需求，导致 HSE 策划结果缺乏适用性和公平性。同时，因为缺少统一的标准，导致 HSE 策划结果缺乏系统性和规范性，实际上增加了实施阶段的工作难度。应结合实际情况，在保证合规合法性基础上，从满足项目干系人的需求和期望出发，开展全方位系统化的 HSE 管理策划。按照“可接受”原则，制定并实施一套完整、符合项目实际需求、简便易懂的高标准的安全管理程序、制度、流程、作业标准和记录表格与标识等，统一现场管理标准。

第一节　HSE 管理策划基础

一、HSE 管理策划的作用

(1) 确定项目 HSE 管理的模式和组织，规定相关的工作职责、工作程序和工作方法。

(2) 规划项目 HSE 风险管理活动，确定项目 HSE 风险管理标准，初步识别和评价项目 HSE 管理重大风险。

(3) 总体规划项目 HSE 管理各个要素和各个专业的活动，明确管理目标，制定管理措施和工作制度，确定项目 HSE 管理过程的活动组织和管理依据，制定 HSE 管理活动实施安排。

(4) 制定 HSE 管理活动的检查标准和方法，设定 HSE 管理绩效评估的依据和项目团队 HSE 管理工作绩效评价的标准。

(5) 确定项目干系人的关系，记录项目团队与项目干系人之间信息沟通和所形成的共识，确定项目 HSE 管理过程中相关问题处理的依据。

(6) 规划、平衡和配置项目 HSE 管理资源，制定 HSE 管理资源相关制度和工作标准。

二、HSE 管理策划的层级

按照管理权限和所涉及的范围，将 HSE 管理策划工作分为三个层级开展。

1. 项目级

项目经理是项目 HSE 管理策划工作的第一负责人，负责组织开展项目的 HSE 管理策划工作，组织编制项目 HSE 管理计划书，监督、检查和考核职能部门和作业单位的 HSE 管理策划。

项目 HSE 管理部门在项目经理领导下，具体组织 HSE 管理策划的实施。

2. 重要活动级

项目职能部门组织作业单位开展重大项目、关键部位、关键设备、重点工程、高危作业和许可作业的 HSE 管理策划，组织编制和报审相应的管理措施和方案。项目职能部门监督作业单位实施。

3. 直接作业活动级

(1) 现场管理责任人员以项目 HSE 管理计划为基础，结合相应的施工方案(作业方案)，组织编制具体作业指导书、工艺卡或技术措施，并指导直接作业人员实施，现场 HSE 管理人员监督检查。

(2) 现场管理责任人员口头指令相关事项，并指导直接作业人员实施，现场 HSE 管理人员监督检查。

三、HSE 管理策划的原则

1. 符合性

必须符合现行法律法规、规范标准和规章制度的强制性规定。企业和项目制定的相关工作标准和评判基准要与现行法律法规、规范标准和规章制度的相关规定相一致。

2. 可行性

相关的规定和要求要适应项目现场实际情况。在保证实现管理目标的前提下，尽可能减少程序和环节，尽可能便于直接作业环节实施和基层管理和作业人员操作，尽可能采用现场习惯和通用的方式方法，尽可能减少文件传递和表单填报。任何 HSE 管理规定和安全技术措施如果不能使直接作业者正常地、方便地和最快捷地实施作业活动，这个规定或措施就是失败的。

3. 协调性

充分考虑项目利益相关者的需求和期望，在遵守相关规定的前提下，尽可能协调各方(特别是施工承包商)的利益和通用做法。

4. 一致性

管理策划确定的相关规定、制度、标准和基准之间要保持一致，程序、方法、权限、范围要协调。

5. 继承性

管理策划确定的相关规定、制度、标准和基准要以企业现有的管理体系为基础，以现有制度为主体，以现有组织网络为根本，适当增加补充适应项目实际情况和 HSE 管理进步的方法和技术。

6. 一体性

HSE 管理策划工作是项目管理策划的一个有机组成部分，应当纳入项目管理的整体工作体系中统一规划和实施。实践中，工程建设和检维修项目都要组织编制“项目管理手册”或“项目管理实施策划”或“项目管理计划”。“项目 HSE 管理计划书”一般会作为上述文件的一个组成部分，或单独成册，或为附件。项目 HSE 管理计划书的编制要与项目管理手册(项目管理计划)的编制相协调，其编制、审核和批准的程序要与项目管理手册(项目管理计划)相一致。

7. 整体性

对项目建设全周期，按照人、机、料、法、环五大管理要素进行系统分析，明确各施工阶段各管理要素的基本标准及相关管理流程。结合项目统筹计划，按照“属地管理”“专业管理”和“全过程管理”原则，统一考虑各个专业监管方法和技术，进行整体性管理策划。

四、HSE 管理策划要素

项目 HSE 管理要素见图 3-1。

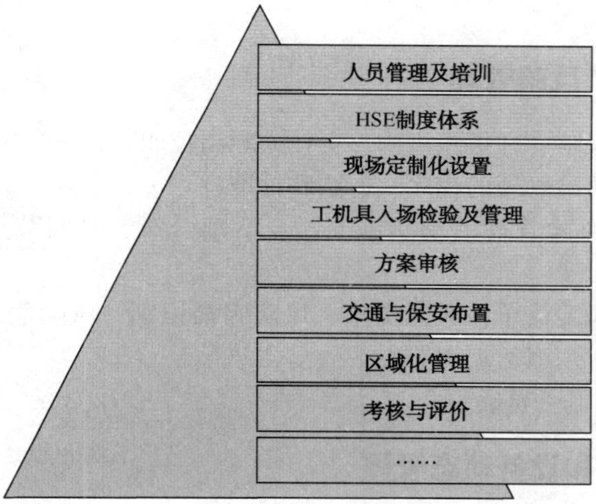

图 3-1　项目 HSE 管理要素

第二节　HSE 管理计划书的主要内容

作为项目 HSE 管理策划工作的主要“有形”可交付成果，HSE 管理计划书主要分为 20 个部分，集中详细地阐述 HSE 管理的各个专业内容。一般结构如下：

一、编制依据

(1) 国家、地方政府、行业的相关法律法规和规范标准；

(2) 企业相关管理规章、制度和规定；

(3) 相关工程承包合同；

（4）与项目有关的其他信息和资料。

二、工程概况

（1）项目名称、项目性质、项目范围和项目工期；
（2）项目地理位置、自然条件和施工条件；
（3）与 HSE 管理有关的工程特点和工作难点；
（4）主要实施阶段和主要工序、重点项目和关键设备、大型或特种施工机具；
（5）总体统筹进度、单位工程和重点工程进度；
（6）停开工计划；
（7）项目 HSE 管理目标。

三、项目 HSE 管理组织

（1）项目 HSE 管理组织模式和机构设置；
（2）项目 HSE 人员配备与责任分工；
（3）项目 HSE 管理工作程序；
（4）项目 HSE 管理活动：种类、内容、组织者、参与者、时间安排、报告形式、管理规定。

四、项目 HSE 风险管理

（1）项目 HSE 风险管理组织机构、责任人和岗位职责；
（2）项目 HSE 风险管理的程序、方法和标准；
（3）项目 HSE 风险管理活动实施安排：活动分级、时间节点、活动形式、成果类型；
（4）项目 HSE 风险清单：风险类型、风险因素识别、风险危害评价、风险预警参数、风险监控责任人、风险应对措施；
（5）重大风险控制一览表。

五、现场人员和设备动态管控

（1）人员和设备管理分工、职责、管理范围；
（2）人员进出场标准；
（3）人员进出场（含厂区内交叉流动）手续办理条件、程序、地点、时间、证件形式、使用和管理规定；
（4）设备进出场标准；
（5）设备进出场（含厂区内交叉流动）手续办理条件、程序、地点、时间、证件形式、使用和管理规定；
（6）物资进出场标准；
（7）物资（含厂区内交叉流动）进出手续办理条件、程序、地点、时间、证件形式、使用和管理规定。

六、项目员工 HSE 管理

(1) 员工管理分工、组织、职责、程序、方法、考核制度；

(2) 员工上岗标准：资质(需要相应资质的岗位清单)、法定年龄、身体条件、持证要求(需要持证上岗的岗位清单)、培训要求、技能、知识、经验；

(3) 员工管理：考勤、劳动纪律、职业道德、行为准则、绩效考核；

(4) 员工 HSE 防护：PPE、空气呼吸器使用和管理、便携式报警仪和其他现场管控设备的使用和管理。

七、现场 HSE 培训

(1) 项目 HSE 培训组织机构、责任人和岗位职责；

(2) 项目 HSE 培训计划：培训分级和分类、内容、对象、形式、频次和时间、考核形式、考核标准、地点、教师、教材、培训绩效评价方法和标准；

(3) 特种作业人员 HSE 培训和考核管理规定；

(4) 高危作业专项 HSE 培训和考核管理规定；

(5) 现场许可作业监护人员上岗培训和考核管理规定；

(6) 项目 HSE 培训管理制度。

八、现场总平面 HSE 管理

(1) 现场总平面 HSE 管理职责、范围、形式、方法；

(2) 现场总平面布置图；

(3) 现场平面 HSE 管理：现场区域规划、临时设施、现场标识、交通管制、门禁、消防、治安保卫、公共卫生设施、厕所、垃圾箱、绿化、设备和机具停放；

(4) 现场安全防护设施：安全围护分类和设置标准、安全隔离分类和设置标准、长期性安全隔离和维护设置位置和区域、生命绳的设置和管理、防护网的设置和管理、安全警示与标识的设置和管理、消防管线和器材的设置和管理、洗眼器的设置和管理等。

九、项目承包商 HSE 管理

(1) 项目承包商管理分工、组织、职责、程序、方法、考核制度；

(2) 承包商清单、施工范围、分包情况；

(3) 承包商 HSE 管理责任人员、职责、联系方式；

(4) 项目承包商 HSE 管理：承包商准入审查和备案、HSE 协议、安全承诺、安全保证措施、HSE 绩效考核和评价、承包商员工管理、承包商 HSE 管理活动、承包商 HSE 事故和事件管理。

十、装置开停车阶段 HSE 管理

(1) 停开工组织、职责、工作程序、管理范围；

(2) 装置工艺处理阶段 HSE 管理：处理工艺过程、主要危害和风险、工艺设备和管线处理、地面和地沟地管地井清理和封闭、污染物和废弃物排放控制、噪声和振动控制、区域内人员控制、区域内车辆控制、区域内作业控制、防止硫化亚铁自燃、防硫化氢中毒、防氮气窒息；

（3）装置和设备交接 HSE 管理：交接标准、交接形式、交接程序；

（4）保运阶段 HSE 管理：组织、职责、联络方式、岗位地点和标识、PPE 使用、专用工机具使用、巡查、交接班、工作记录、人员清点、热紧冷紧、有毒有害环境作业、可燃气体环境作业、紧急情况处置。

十一、现场施工作业 HSE 管理

（1）许可作业 HSE 管理：许可作业分类和范围、作业票形式、作业票管理规定、许可作业标准、管理程序、管理职责和权限、监护管理规定、作业管理规定、现场管理规定、生产区域内作业“双监护”和“现场风险评价”；

（2）高危作业 HSE 管理：土方和基础、临时用电、临时脚手架、高处、吊装、吊篮使用、化学清洗、脱脂、喷砂除锈、建筑施工、金属焊接和切割、管线预制和安装、静设备施工、动设备施工、钢结构施工、电气施工、仪表自控施工、现场无损检测作业、强度和气密试验、保温保冷施工、单机和联动试车；

（3）异常自然条件和季节性 HSE 管理：冬季、雨天、雪天、高温气象、恶劣气象、自然和地质灾害；

（4）重点工程 HSE 管理方案；

（5）危险性较大的分部分项工程；

（6）特殊作业 HSE 管理方案。

十二、现场环境保护

（1）项目环境保护分工、组织、职责、工作程序、工作方法、工作标准、考核制度；

（2）现场环境条件标准；

（3）现场环境保护措施：污染物和废弃物处置管理（污染物和废弃物种类、危害分析、处置方式方法、现场临时存放、输送措施）、防尘、防噪声、防热辐射、防震动、防光污染。

十三、现场职业卫生管理

（1）项目职业卫生管理分工、组织、职责、工作程序、工作方法、工作标准、考核制度；

（2）现场职业卫生标准：作业人员身体健康标准、特殊作业身体及精神状态要求；

（3）现场职业卫生管理措施：职业病防治、职业病禁忌、食堂、就餐、食物、饮水、生活垃圾处理、防中暑、防冻伤、防感官和皮肤刺激。

十四、现场施工设备和机具 HSE 管理

（1）现场施工设备和机具 HSE 管理的分工、组织、职责、程序、管理形式、管理方法、管理活动安排；

（2）现场施工特种设备 HSE 管理：种类、完好标准、安全操作规程、维护保养检查制度；

（3）现场施工压力容器和管道 HSE 管理：种类、完好标准、安全操作规程、维护保养检查制度；

（4）现场施工受控设备和机具 HSE 管理：种类、完好标准、安全操作和使用规程、维护保养检查制度；

（5）现场施工计量器具 HSE 管理：种类、完好标准、安全使用规程、检查和定检制度；

（6）设备和机具事故处置管理措施。

十五、现场作业危险化学品管理

（1）现场危化品管理分工、组织、职责、程序、方法、考核制度；

（2）现场作业危化品 MSDS 和放置部位；

（3）现场作业危化品管理：设施设备使用与保养、危化品使用和运输、安全距离和隔离、紧急情况处置。

十六、现场应急管理

（1）应急管理：应急组织、责任人、职责、响应程序、资源、公共关系；

（2）应急联络：火警、医疗救护、气防、职防、盗警、交通；

（3）应急预案清单。

十七、项目 HSE 信息管理

（1）项目 HSE 信息管理分工、组织、职责、程序、方法、考核制度；

（2）项目主要利益相关者清单；

（3）HSE 信息管理：文件管理、资料管理、档案管理、报告、会议、电子媒介。

十八、项目 HSE 管理绩效考核

（1）项目 HSE 管理目标分解；

（2）项目 HSE 管理绩效考核分工、组织、职责、程序、方法、标准；

（3）项目 HSE 管理绩效考核活动：形式、内容、方法、主办者、参与者、时间安排、报告；

（4）项目 HSE 管理奖励：形式、等级、时间安排。

十九、项目 HSE 管理资源

（1）资源管理组织、职责、程序、方法、标准和考核制度；

（2）HSE 管理资源计划：人力资源、PPE 和检测器具、设备和设施、材料、应急物资、外部资源、资金使用；

（3）资源管理：计划编报审、采购、供应、保管、发放、使用、统计、回收、转移、报废。

二十、附件

(1) 总平面布置图;

(2) HSE 管理网络图;

(3) 总体统筹网络图;

(4) 重点工程施工进度计划;

(5) 装置开停工计划;

(6) 项目 HSE 管理人力资源配置计划;

(7) 项目 HSE 管理 PPE 和检测器具配置计划;

(8) 项目 HSE 管理设备和设施配置计划;

(9) 项目 HSE 管理材料配置计划;

(10) 项目应急物资配置计划;

(11) 项目 HSE 管理资金使用计划;

(12) 项目 HSE 管理外部资源计划;

(13) 辅助文件(专项方案、作业指导书、工艺卡等)编制计划。

实践中,一般是将 HSE 管理计划书的"工程概况""项目 HSE 管理资源""项目员工管理"中除"HSE 防护"和"员工上岗标准"外的部分和"附件"中的"人力资源配置、PPE 和检测器具配置、设备和设施配置、材料配置、应急物资配置、资金使用、外部资源"计划与项目管理计划的相应子计划合并。

表 3-1 为某企业大检修 HSE 管理策划工作的样例。

表 3-1　某企业大检修 HSE 管理策划工作样例

<table>
<tr><th>序号</th><th>工作内容</th><th>组织方</th><th>协调方</th><th>目的</th><th>备注</th></tr>
<tr><td>1</td><td>项目基本情况调查
HSE 管理现状摸底</td><td>第三方</td><td>企业</td><td>现有组织机构、HSE 管理制度,评估现有管理力量(安全、环保、交通、保卫、职业卫生)</td><td rowspan="2">(1) 现有 HSE 组织机构,现行管理制度、标准;
(2) 明确公司、分厂、装置检修可用安全管理人员及初步岗位、职责划分;
(3) 检修总体方案,厂区分布、大小、平面图;
(4) 检修承包商类别、数量、筛选标准</td></tr>
<tr><td>2</td><td>项目 HSE 管理策划</td><td>第三方</td><td>企业</td><td>依据现有 HSE 管理资源及,借鉴成功经验和良好做法,制定检修的 HSE 具体标准、程序和要求</td></tr>
<tr><td>3</td><td>宣传标语、信息牌、警示牌、检验标签、受限空间封闭器、通风机等标识设计制作</td><td>企业</td><td>第三方</td><td>宣传 HSE 文化、营造浓郁的检修氛围;设计制作醒目的状态、指引、警示等标识和专用工具</td><td>明确现有标识及工具;根据检修计划安排及场地设置统计需求量,提前设计、制作</td></tr>
<tr><td>4</td><td>制定专项控制方案</td><td>企业</td><td>第三方</td><td colspan="2">制定检修交通、保卫、医疗卫生、环境保护、封闭管理等方案,第三方提供合理化建议</td></tr>
</table>

续表

序号	工作内容	组织方	协调方	目的	备注
5	各类培训	第三方	企业、承包商	熟悉本次检修 HSE 管理规定和程序；明确本次检修 HSE 管理要求	是否有其他培训需求；明确培训联系人；协调安排培训时间、场所、设施，根据统计人数确定培训频次
6	设备、机具检查	第三方	企业、承包商	设备、机具入场检验	企业及施工单位安排相关负责人做好设备、机具检修前自检、自查
7	检修安全方案审查	第三方	企业	审核检修安全方案的完整性与可操作性	针对此次检修制定；检修施工单位制定检修安全方案、重大/危险作业施工方案
8	与分厂/装置工作对接、检修现场考察	企业、第三方		了解各分厂基本平面布置、装置区位、检修临时用电配置、重大风险源分布、交通保卫、医疗救护等	企业负责办理入场证及重点装置准入证；提供相关劳保用品
9	检修全过程安全联合管理	第三方、企业、承包商		按照属地划分安全责任区，明确各级安全管理人员职责，严格作业过程控制	
10	检修结束、项目总结	第三方、企业		提交项目 HSE 管理总结，提出合理化建议	

第三节　HSE 管理策划过程

一、评估现状

对项目现有的组织机构、管理流程、工作标准、管理资源、工作目标进行调查分析，评估项目 HSE 管理现状，辨识项目各个阶段和各个专业的 HSE 管理重点和难点。

从“组织过程资产”和“事业环境因素”两个渠道，广泛收集和了解项目干系人的意见、建议和经验，学习相关政策、法律法规、规范标准和制度规定。

二、提出设想

结合项目实际情况和 HSE 管理需求，提出组织优化、制度完善、危害辨识和风险分析、HSE 培训、设备检查、方案和措施审核、作业条件确认等工作的实施构想，确定相应的工作目标、实施规划、责任分配和资源需求。

三、构建共识

组织项目干系人对实施构想进行深入讨论。在保证实现项目 HSE 管理目标的前提下，按照“安全问题不妥协”“合理、适用”和“实现最大公约数”的原则，在平衡和满足项目干系人需求和期望，达成项目 HSE 管理规则、标准、行为方式、考核形式的共识，形成统一的工作规则。

四、编制文件

（1）对于没有现有企业依托的新建项目，结合项目 HSE 管理体系的建设，同步建立项目 HSE 文件管理体系。同时，统一预先考虑与项目建成后的生产安全管理体系的配套和衔接。

（2）对于外资和合资项目，参考国际上通用的管理做法，编制项目安全管理手册。

（3）对于依托现有企业管理的工程建设项目和大多数检维修项目，根据现有 HSE 管理体系，结合工程建设和检维修项目的特点，从当期作业实际情况出发，补充和完善相应的现场安全管理规定及要求。

（4）各个单位和各级组织根据管理职责，依据 HSE 管理计划书，组织编制相应的实施方案和作业指导文件。

五、学习、宣贯和交底

按照职责分工，对项目所涉及的各个单位、各级组织以及全体员工进行 HSE 管理策划文件的宣贯和交底。对 HSE 管理策划文件的宣贯和交底是现场培训的一个重要内容，所有人员必须在入场前完成，并结合专业培训进行考核。

汇总在宣贯和交底过程中各个单位、各级组织以及相应的员工提出的意见和建议，按照编制程序，对 HSE 管理策划文件进行补充和修改。

六、实施和变更控制

项目部正式发布 HSE 管理策划文件，并监督执行。

对于在实施过程中提出的变更请求，按照项目文件管理制度，适时组织对项目 HSE 管理策划文件的修订和变更。变更后文件的审批程序与权限和文件编制的要求相同。特别应当注意的是，要重新对项目 HSE 管理策划文件变更后的 HSE 管理风险进行识别和评价。

七、总结经验

项目结束后，组织项目管理团队和项目干系人对 HSE 管理策划文件的实施绩效进行总结。汇总经验和教训，纳入项目 HSE 管理工作报告。

项目 HSE 管理策划程序框图见图 3-2。

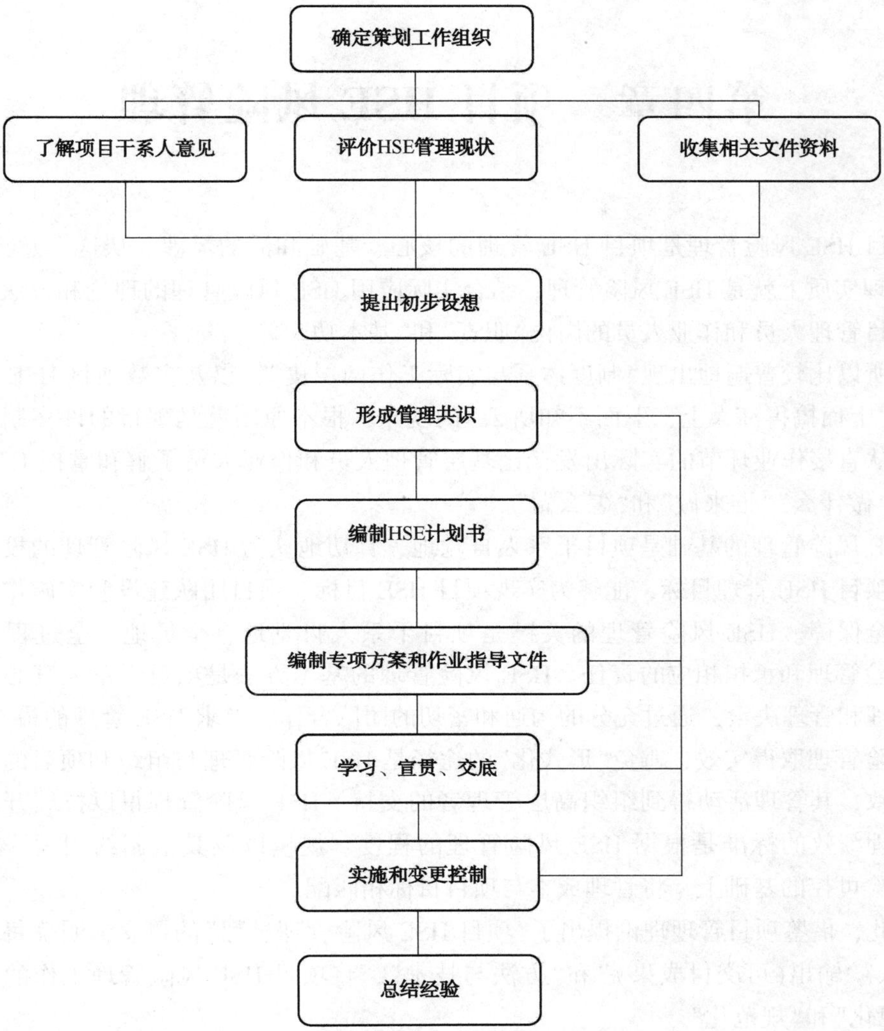

图 3-2　项目 HSE 管理策划程序

第四章　项目 HSE 风险管理

项目 HSE 风险管理是项目 HSE 管理的核心、基础和活的灵魂。从这个意义上讲，HSE 管理实质上就是 HSE 风险管理，结合实际应用 HSE 风险管理的理论和方法应该是各级项目管理人员和作业人员的岗位“职责”和“基本功”。

之所以比较普遍地出现“制度体系与实际工作两层皮”，以及多数项目 HSE 风险管理出现“上面搞得高大上，下面不知所云”的现象，根本原因就是现行的许多制度或规定没有从直接作业环节的实际出发，让基层管理人员和作业人员了解和掌握 HSE 风险管理的“做什么”“谁来做”和“怎么做”。

HSE 风险管理的基础是项目干系人自觉地、真切地认为 HSE 风险管理的投入有利于实现项目 HSE 管理目标，能够为实现项目 HSE 目标、项目团队建设和实施作业活动提供安全保障。HSE 风险管理的关键是项目干系人自觉地、全员地、全过程地参与 HSE 风险管理和承担相应的责任。HSE 风险管理的基本方法是项目干系人真心地投入问题处理和管理决策，通过充分的沟通和密切的团队合作，追求 HSE 管理的最佳绩效。HSE 风险管理取得实效，避免“形式化”的途径是 HSE 风险管理与组织和项目的目标和价值一致，其管理活动得到组织高层管理者的支持。HSE 风险管理得以持续开展的条件和管理绩效的标准是根据 HSE 风险管理的程度、规模以及其他制约因素，在保证 HSE 风险可控的基础上，将管理成本与项目目标相匹配。

为此，借鉴项目管理理论提出了“项目 HSE 风险管理过程”的概念，明确每个过程的“输入”“输出(可交付成果)”和“方法与技术”，将项目 HSE 风险管理工作的各个步骤“可视化”和“规范化”。

依据“项目 HSE 风险管理过程”，以 HSE 风险“分层”管理和现场直接作业活动 HSE 风险“分级”为管理责任架构，以 JSA 方法指导下的班前会“六问”方法，形成作业现场 HSE 风险预警机制和 HSE 风险管理运行体系。

第一节　项目 HSE 风险管理过程

项目 HSE 风险管理是指实施项目 HSE 管理的风险规划、识别、分析、应对和监控，包含六个管理过程，依次是“规划风险管理”“识别风险”“实施定性风险分析”“实施定量风险分析”“规划风险应对”和“监控风险”。见图 4-1。

实质上，HSE 风险管理是与项目管理的其他知识领域和管理过程相融合，与其他项目管理活动相协调的一个专业管理领域。HSE 风险管理活动是各项专业项目管理活动的有机组成部分，一起策划、一起实施、一起考核。

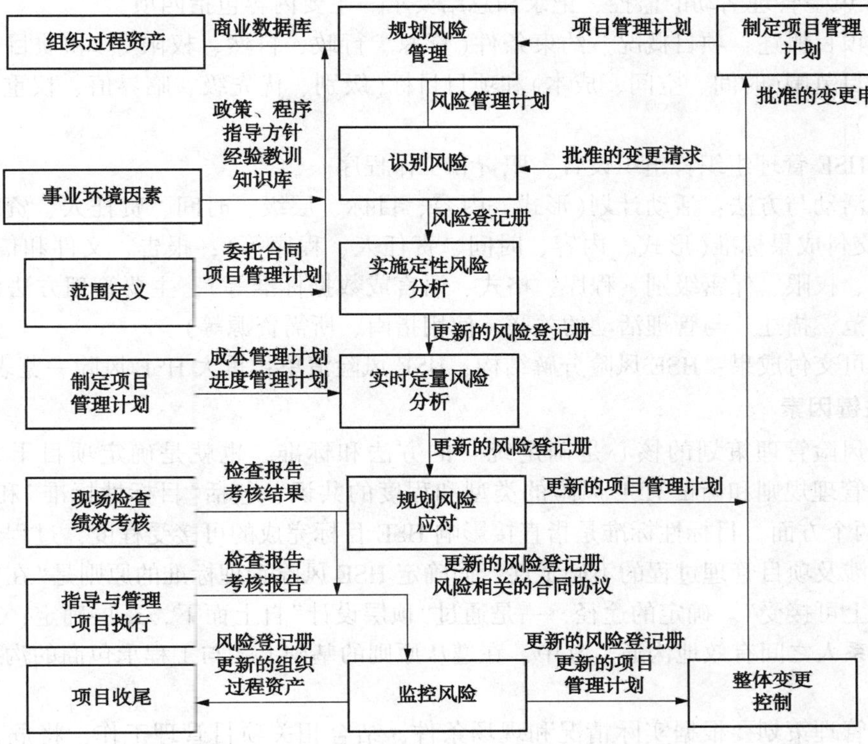

图 4-1　项目 HSE 风险管理过程

一、规划风险管理

规划风险管理情况见图 4-2。

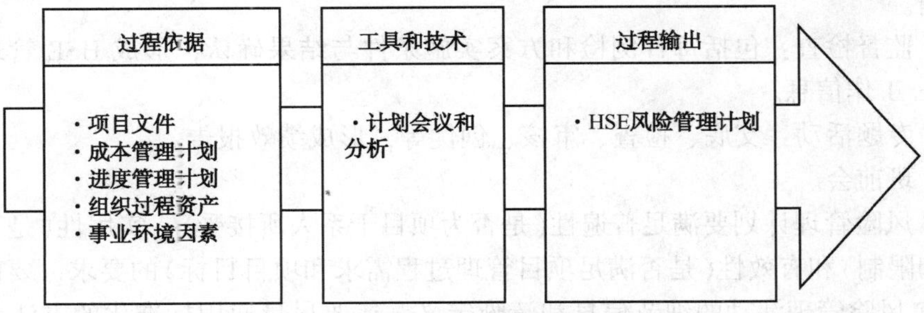

图 4-2　规划风险管理

内容包括：确定项目 HSE 风险管理的组织、职责、制度、程序、标准和资源支持条件，确定风险的分类原则、识别与分析方法。这个过程的目的是制定整体 HSE 风险管理策略，决定如何实施 HSE 风险管理过程。

1. 可交付成果–项目 HSE 风险管理计划

规定了项目 HSE 风险管理的组织、职责、方法和活动安排，确定了 HSE 风险的分类标准和原则，定义了 HSE 风险的概率水平、影响级别和优先级排序方法，描述了项目干系人的风险倾向，确定了 HSE 风险清单和重大 HSE 风险一览表的内容与格式，提出了 HSE 风险管理活动的监控、记录和总结要求。主要内容包括四项。

（1）项目概述：项目概况、约束条件（资源、行政、自然、权限等）和项目干系人分析；项目范围（时间、空间、成本）和项目目标（级别、优先级、临界值、权重、可接受程度等）。

（2）HSE 管理组织：组织设置、职责和工作程序。

（3）活动与方法：活动计划（形式、内容、目标、层级、时间、责任人、资源需求等）；可交付成果标准（形式、内容、时间、责任人、程序等）；报告、文件和信息（形式、内容、权限、保密级别、程序、格式、语言或数据标准等）；主要管理方法（名称、标准或规范、描述、与管理活动的关联、使用指南、所需资源等）。

（4）可交付成果：HSE 风险分解结构；HSE 风险清单；重大 HSE 风险一览表。

2. 关键因素

HSE 风险管理策划的核心是确定统一的方法和标准，也就是确定项目干系人对 HSE 风险管理规则和衡量 HSE 风险的类型和程度的共识，包括“目标性标准”和“过程性标准”两个方面。目标性标准是指直接影响 HSE 目标完成的可接受程度，过程性标准是指直接涉及项目管理过程的不确定性，而确定 HSE 风险管理标准的原则是“在完成目标的基础上可接受”。确定的途径，一是通过“顶层设计”自上而下，逐层确定；二是通过项目干系人之间有效地沟通。其中，在遵从原则的基础上，与工程承包商的沟通最为关键。

HSE 管理策划要根据实际情况和现场条件，结合相关项目管理工作，将危害识别和风险评价工作与例行项目管理活动相结合，同步开展。这些例行活动包括以下五种。

（1）项目文件：HSE 管理计划，HSE 风险清单，重大风险一览表，HSE 风险分类、排序、预警、程度等标准。

（2）项目会议：包括专题会议和定期会议，形成 HSE 管理变更申请或批准的 HSE 变更申请。

（3）监督检查：包括每日例检和方案实施条件与结果确认，形成 HSE 管理绩效报告和 HSE 工作信息。

（4）专题活动：交底、检查、审核、创优等，形成绩效报告。

（5）班前会。

HSE 风险管理计划要满足普遍性（是否为项目干系人所接受）、实用性（是否适应项目约束和限制）和有效性（是否满足项目管理过程需求和项目目标）的要求，要确保获得规划 HSE 风险管理活动的细节信息和清晰定义，还要尽量使用标准化的方法和借鉴成功的经验，特别是要保证 HSE 风险管理活动与项目目标、政策和实践的一致性。实践中，HSE 风险管理计划一般是作为项目 HSE 管理策划文件的一个组成部分。

二、识别风险

内容包括确定 HSE 风险的类型和特性，并形成相应的记录文件，其目的是最大限度地识别所有 HSE 风险。见图 4-3。

1. 可交付成果——HSE 风险清单和重大 HSE 风险一览表

主要内容是：已识别的 HSE 风险原因和不确定的假设条件，在 HSE 风险识别过程

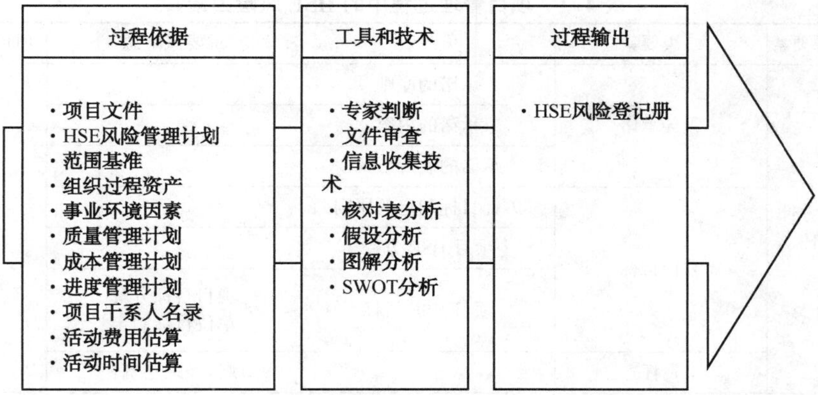

图 4-3　识别风险

中确定的初步的应对措施，可导致已识别的 HSE 风险的状态或事件(预警值)，对 HSE 风险管理计划中“HSE 风险类别”的修正意见，对已经识别的 HSE 风险进行的优先度评估。

2. 关键因素

HSE 风险识别的核心是回答“什么是识别风险?”和“什么是风险识别完了?”两个问题。识别的主要方法是先“自上而下”，从全局的角度，集中识别高风险因素。再“自下而上”，针对具体的风险，分析原因。

我们不鼓励将 HSE 风险识别简单地视为“查隐患”“找毛病”和“揭短处”的“负面”行为，而是将 HSE 风险识别视为提升现场 HSE 管理水平和优化现场 HSE 管理活动的“正面”行为。HSE 风险识别应该是“寻找和探索更完善的工作方法”，应该是“开发提升 HSE 管理绩效的途径”，应该是“启发新的管理思路”。

HSE 风险识别是 HSE 风险管理的前提和基础，应当与相应的项目目标相关联，应把重点放在识别引发风险的事件、条件和环境上，集中识别这些事件、条件和环境所带来的“不确定性”，而不是这种不确定性的影响。对于直接作业环节，风险识别的原则就是“不放心的就是风险”。

HSE 风险识别应当从项目管理过程的特点出发，与 HSE 管理体系运行相结合。有针对性和有重点地对照相应管理过程中的 HSE 管理体系要素进行系统地识别，从而初步确定相关风险等级。

HSE 风险识别是一个与项目 HSE 风险管理活动相伴不断循环迭代的过程，伴随项目整个生命周期。随着项目的实施和相应条件的变化，会不断暴露出许多初始阶段不可能识别的风险。因此，应当综合运用“早期识别”“反复识别”“紧急识别”“综合识别”“清晰识别”和“多角度识别”等多种方法进行 HSE 风险识别，以求 HSE 风险识别的最大化和最有效。

每一个已识别的 HSE 风险均应使用 HSE 风险管理计划规定的表达形式进行清楚的和无疑义的描述。每个已识别的 HSE 风险都必须设定一个特定的 HSE 风险负责人，并明确识别预警值。项目管理过程中的 HSE 风险因素见表 4-1。

表 4-1　项目管理过程中的 HSE 风险因素

HSE 管理体系要素	二级要素	风险点	重要风险源	项目管理过程组
领导承诺、方针目标和责任	领导承诺	承诺的原则		
		承诺的内容		
		承诺的表现形式		
	方针目标	方针目标制定的原则		启动 规划
		项目 HSE 方针		
		项目 HSE 目标	项目目标分解 单位目标制定	
	责任		项目经理层责任	
组织机构、职责、资源和文件控制	组织机构	机构设置	承包商和分包商组织	
		HSE 管理专业人员	人员配备	
	职责	岗位职责		执行
	HSE 职责考核	考核原则	建立机制和制度 签订责任书 自上而下考核 员工监督 管理者述职 考核兑现	监控 收尾
		考核程序		规划
		考核内容	考核标准的一致性	
		考核记录		监控
	资源	资金	资金来源 资金用途 资金使用管理	规划
		人力资源	专职人员配备 专职人员培训考核 专职人员登记	执行
		物力资源	安全技术措施	
	能力评价与培训	能力评价	员工素质与能力 需要资格评定的人员 资格评定的标准	监控
		培训	计划与组织 培训分类 培训要求 培训内容 培训方式 考核与颁证 培训记录	规划 执行 监控
	信息交流	信息交流的内容	项目干系人管理	规划
		信息交流网络		
		信息交流行为	沟通形式和行为	执行

续表

HSE 管理体系要素	二级要素	风险点	重要风险源	项目管理过程组
组织机构、职责、资源和文件控制	文件控制	控制范围	保密	规划
		文件的审批与发放		执行
		控制要求	记录	监控
		文件的更改	失效文件的回收	
风险评价与隐患治理	风险评价	评价的范围		规划
		评价的组织	组织原则 小组构成	
		制定评价计划	收集信息 选择方法 确定程序 制定日程	
		评价报告		执行
		风险与危害控制措施		
		风险评价报告的审批		
	隐患治理	控制措施的实施		监控
		隐患范围		规划
		隐患分类	重大隐患 一般隐患	
		隐患治理程序		执行
		资金管理		
承包商和供应商管理	承包商管理	资格预审	预审组织 预审内容 确定合格承包商名单	
		承包商选择	确定 HSE 要求 招投标 签订合同	
		开工前的准备	HSE 实施程序的编制 人员培训 特种作业人员管理 资源配置	
		作业过程的协调与监督	作业过程协调 作业过程监督 管理机构职责 项目管理制度	
		事故报告		
		承包商表现评价	公开和及时	监控
	供应商管理		供应商资格审查与评价体系 建立供应商竞标制度 实施物资进厂验收 监督质量保证与售后服务	执行

续表

HSE 管理体系要素	二级要素	风险点	重要风险源	项目管理过程组
项目 HSE 策划和施工作业管理	项目 HSE 策划	策划依据		规划
		策划的原则与形式	与方针目标一致 以实施程序或方案体现	
		项目 HSE 实施程序的内容	项目概况 工程情况 HSE 方针目标 组织机构与资源 管理制度 实施程序	
		项目 HSE 实施程序的编制与审批		
	施工作业管理	作业前准备	项目部级 班组级	执行
		作业过程管理	管理规定 环境保护 高危作业 过程协调 检查与整改 事故报告 奖励与处罚	监控 收尾
运行与维修	设备、设施的购置与安装	设备、设施的购置	编制购置计划 供应商评审和质量验证	规划 监控，收尾
		设备、设施的安装	施工方案编制 特种设备管理	执行
	设备、设施的使用、保养与维修管理	设备、设施的使用管理		
		设备、设施的保养与维修管理		
	设备的检验与报废管理	设备的检验		监控
		设备的报废		
	设备标识管理			执行
变更管理与应急管理	变更管理	变更分类		规划
		变更申请	变更申请的权限	执行
		变更审批	变更审批的权限	
		变更的实施与验证	实施许可范围 实施效果验证	监控 收尾
	应急管理	危害辨别与分析		规划
		应急管理对象		
		应急预案	内容 适应性 具体工作	
		应急组织与职责		
		应急预案的制定	预案的针对性和适用性	
		应急预案的审批和检查		
		应急演练的评估与修订	演练组织与讲评	监控
		应急事件的报告		

续表

HSE 管理体系要素	二级要素	风险点	重要风险源	项目管理过程组
检查与监督	检查与监督依据			规划
	检查与监督内容			
	检查与监督分类			
	检查与监督组织与管理		企业级 项目部级 专项检查 过程检查 班组级	
	检查与监督程序	确定范围与内容		
		编制检查计划		
		检查的实施		监空
		检查报告	报告编制 限期整改	
	隐患整改与验收		隐患整改通知单 验证整改结果	
	奖励与处罚			
	检查记录			
事故处理和预防	事故分类和经济损失计算	事故按性质分类		规划
		事故按人身伤亡情况分类		
		事故损失计算		
	事故报告与现场处置	事故报告	报告程序 报告时间 报告形式	
		事故现场处置		监控
	事故调查	事故调查分析		
		事故调查分析程序	调查程序 调查内容 分析步骤 预防措施 事故报告	
	事故处理		“四不放过”原则	
	事故统计和报告			
审核、评审和持续改进	审核	审核依据		规划
		审核内容		
		审核组织		
		审核频率与范围		
		审核计划与准备		
		审核程序		
		审核报告		监控
		跟踪验证		
		审核记录		
	评审	评审的组织与管理		规划

三、实施定性风险分析(图 4-4)

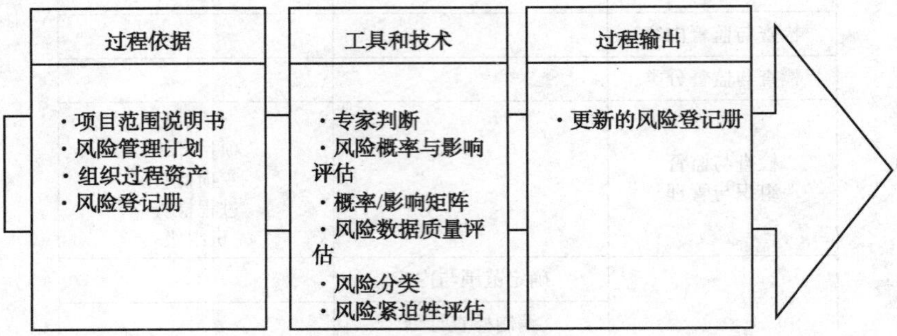

图 4-4　实施定性风险分析

评估和鉴定已识别的单个风险发生概率、对项目 HSE 管理目标的影响程度及其他因素等特征，并在对这些特征达成共识的基础上，对已经识别的风险进行排序。

定性分析是判断对单个风险发生概率和对实现项目目标的影响，不能直接处理影响项目目标的整体 HSE 风险。它包括风险分类和风险排序两个部分。

1. 可交付成果——变更了的 HSE 风险清单和重大 HSE 风险一览表

主要内容是：已识别的单个 HSE 风险的排序和分类，需要采取应对措施的 HSE 风险，需要进一步分析与应对的 HSE 风险，需要观察的低优先度 HSE 风险清单和 HSE 风险定性分析结果的趋势。

2. 关键因素

HSE 风险分类是根据 HSE 风险的来源或原因对已识别的 HSE 风险进行分类。通过分类，可以发现 HSE 风险产生的共同根源和共同影响，也为 HSE 风险排序提供基础。

HSE 风险排序是按照 HSE 风险管理计划确定的标准(概率、对项目目标的影响)，以紧迫性(应对的时间裕度、预警值和预警值的可探测性)、可控性和对外部影响对已识别的 HSE 风险进行优先度排序，以共同认可的定义和术语进行表达，从而确定对项目目标影响最大的 HSE 风险特征。

单个 HSE 风险分析以定性分析技术为主。通过定性风险分析，把单个 HSE 风险的风险水平与单个 HSE 风险标准进行比较，判断风险是否处于设定范围之内。

谁也无法提前预知项目中所有可能发生的 HSE 风险，所以在项目全周期内，应该不断重复进行定性 HSE 风险分析，这包括对识别的 HSE 风险和在过程中新识别的 HSE 风险。对于单个 HSE 风险，应当按照 HSE 风险管理计划，定期重复进行 HSE 风险识别和定性 HSE 风险分析。

四、实施定量风险分析(图 4-5)

根据现有计划和信息，从所有 HSE 风险的角度，对 HSE 风险对项目目标的整体影响进行量化评估，从而预测实现项目目标可能性，评估 HSE 风险水平，评价应急措施的有效性。

定量分析是评估整体 HSE 风险对实现项目目标的影响，通常是在定性分析之后进

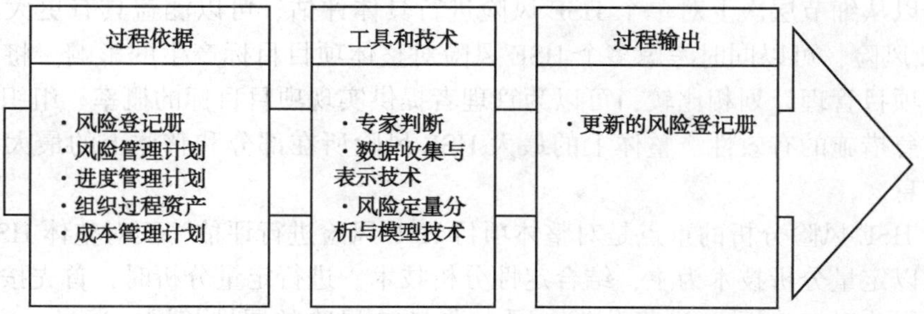

图 4-5 实施定量风险分析

行，如果对风险的具体情况了解比较清楚，也可以直接进入定量分析阶段。这个过程要在“规划风险应对”过程之后或“监控风险”过程中反复进行，以确定变化后的风险实际程度。

并非所有的项目都需要或适合进行定量 HSE 风险分析，HSE 风险可量化与否是一个决定性的指标。有些项目，只需定性 HSE 风险分析就可以为制定有效的 HSE 风险应对措施提供足够的信息。因此，在规划风险管理过程中，就要确定启动定量风险分析的标准。

1. 可交付成果——变更了的 HSE 风险清单和重大 HSE 风险一览表

(1) 实现项目 HSE 管理目标的概率分析：预测项目 HSE 管理目标实现的可能性，同时要体现项目干系人的风险倾向。估算面对目前的风险，在继续实施当前的项目计划的前提下实现项目 HSE 管理目标的概率。

(2) 量化的 HSE 风险排序：量化 HSE 风险发生的可能性和紧迫程度，注明最严重的 HSE 风险、需要最多应急投入的 HSE 风险和最关键的 HSE 风险。

(3) HSE 风险趋势：根据 HSE 风险定量分析的结果，预测各类 HSE 风险的发展趋势。

2. 关键因素

运用 HSE 风险管理的“分层”和现场作业的“分级”管理方法，将项目干系人按照权限和管理范围分划，按照层级从上至下，逐层运用相应的定量 HSE 风险分析方法。

(1) 项目整体：运用经验分析法、危险性与可操作性分析(HAZOP)、工作危害分析法(JHA)、作业条件危险性评价(LEC)、安全检查表法等进行危害辨识，运用 LEC 评价法分值表、专家评估法或风险指数法确定风险分级和直接判定为高度风险的条件。

(2) 职能层和作业层：在设计、装置条件、实际操作、维修时，对照标准条款详细检查以识别存在的危险性时，运用系统检查表法进行危害因素辨识。

(3) 工程设计方和技术咨询方：针对工艺安全风险，在设计阶段对所有工艺装置开展 HAZOP 分析。

(4) 工艺操作管理：在试生产、生产运行期间，组织对所有工艺装置开展 HAZOP 分析。

(5) 工程承包商：负责合同范围内的全过程危害因素辨识、评价、控制及措施的落实，采用 JHA 或 JSA 法进行直接作业环节的风险分析。

通过定量 HSE 风险分析可以加深对所有可量化的 HSE 风险对项目目标整体影响的

理解。可以从细节层次上对单个 HSE 风险进行具体评估，可以涵盖具有更大影响的一般性 HSE 风险，可以同时考虑多个 HSE 风险对整体项目目标产生的影响。将定量分析的结果与项目管理计划相比较，可以为管理者提供实现项目目标的概率、组织的风险承受力、应急措施的有效性、整体上的最大 HSE 风险所在部分和整体上的最大单个 HSE 风险等信息。

定量 HSE 风险分析的重点是对整体项目 HSE 风险进行评估，而对整体 HSE 风险的分析也是以定量分析技术为主，结合定性分析技术。进行定量分析时，首先按对各个项目目标的影响对 HSE 风险进行分类，同一类 HSE 风险的属性相同，通过一定的计算，得到各个项目目标的整体 HSE 风险水平；然后，综合不同目标的 HSE 风险，估算项目整体 HSE 风险水平。在进行单个 HSE 风险水平比较的同时，也要对整体 HSE 风险水平进行比较。一般地，如果两种比较的结果都不能接受，则应对措施不能接受。如果整体比较可以接受，而单个主要 HSE 风险比较结果不能接受，则应从全局出发进行进一步的分析；如果单个的非主要 HSE 风险的比较结果不能接受，则应当修订项目实施方案。进行这种比较首先要注意水平和标准之间的可比性，即两者的评价原则、评价方法和对比口径的一致性。

五、规划风险应对(图 4-6)

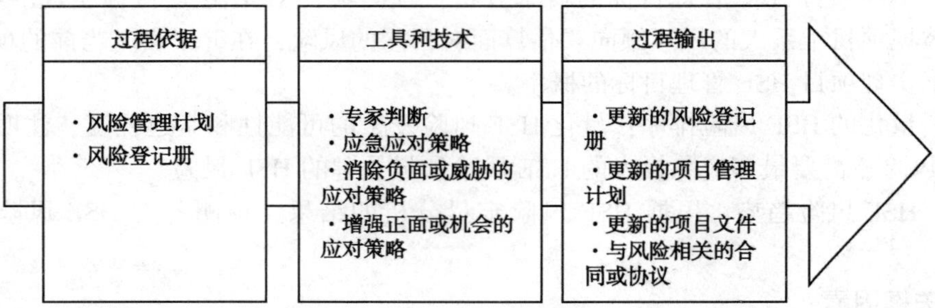

图 4-6　规划风险应对

在考虑项目干系人的 HSE 风险态度、HSE 风险管理计划中的约定、识别与分析 HSE 风险时所确定的制约因素和假设条件的基础上，确定适用于需优先处理的单个 HSE 风险和整体项目 HSE 风险的有效应对方案。

1. 可交付成果——变更了的 HSE 风险清单和重大 HSE 风险一览表

（1）风险分析结果：已识别的 HSE 风险，HSE 风险的描述，影响的项目领域和项目目标，HSE 风险发生的征兆和警示；

（2）风险应对措施：职责分工，应对措施，具体的应对活动，资源计划和进度安排，预留的应急时间和应急储备。

（3）应急预案：启动应急响应的信号，应对措施的备用计划，应对措施实施后的残留风险，应对措施实施后可能造成的次生风险。

2. 关键因素

风险应对解决的是产生风险的原因，主要是明确风险应对的责任，协调实施应对措施的资源，确定风险应对的方法，安排风险应对实施的优先等级，其目的是确定最大限度地提高项目 HSE 管理目标实现的机会。

项目实施过程中的变更和 HSE 风险管理的职责是 HSE 风险应对的关键。每个 HSE 风险管理和 HSE 风险应对都要有专人负责，且最好为同一个人。HSE 风险负责人根据确定的 HSE 风险预警值和预警时间，在合适的时机，有效地启动和实施相应的应对活动。出现任何 HSE 风险责任人(包括 HSE 风险行动责任人)的责任变更都要及时报告。任何变更都要保证确定的责任人能够有效地履行应对行动。

HSE 风险应对计划应当与项目 HSE 管理计划相整合，成为项目 HSE 管理活动的一个有机组成部分，按照项目组织层级，分层、分级和分专业制定和管理，分配实施责任，协调活动资源，确定启动时机。

HSE 风险应对措施的目的是减轻以致最终消除风险，这包括减少风险发生的可能性和影响两个方面。一般地，减轻 HSE 风险往往伴随着 HSE 风险控制的效率(资源利用效率)的增加。所以，应该是在保证现场 HSE 风险可控的前提下，寻找应对效率最佳的方案。寻求最佳应对方案的关键点是在保证安全和应对措施的通用性和实用性的前提下，“在需要投入的应对措施资源需求相同的情况下，尽量降低风险概率”或“在风险概率相同的情况下，尽量减少应对措施的资源投入”。

HSE 风险的应对分为两种情况，一是为了消除或减少风险因素而预先采取的控制措施，二是在风险预警后采取的应对措施。风险应对不是被动地“应付”或“处置”，而是主动的 HSE 管理行为。它和所谓的“好运气”—没采取管理行为也没出事—截然不同。因为，“好运气”不会给项目团队带来工作经验、主动意识和成功的感受。

六、监控 HSE 风险(图 4-7)

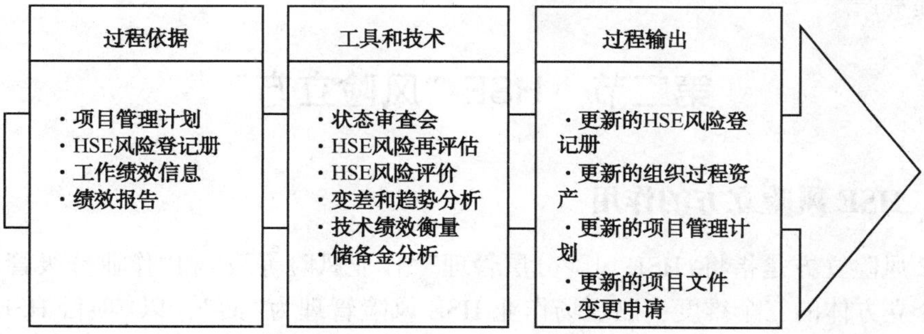

图 4-7 监控 HSE 风险

内容包括：识别、分析和应对新出现的 HSE 风险，跟踪已识别的 HSE 风险，重新分析现有的 HSE 风险，观察已识别的低层级 HSE 风险，监测残余 HSE 风险的变化，判断应急计划的启动条件，审查应对措施的实施效果。其目的是保证正确地执行、评审和定期更新 HSE 风险管理计划。

HSE 风险监控的重点包含以下八项。

(1) 项目阶段或里程碑节点：重点是分析和评价现状和下一阶段或下一步作业活动的启动条件，其中也包括项目的启动和结束。

(2) 项目成果交付或阶段验收：重点是分析和评价当前的作业活动成果，包括实施过程中的工序或工种交接。

(3) 特种作业和特殊环境下作业：重点是分析和评价实施条件和确认防护措施。

(4) 现场状况或活动发生变化时：包括状态、环境、地点、条件、工机具、方法、团队、资源和程序的变化(变更)的前后。这包括在生产过程、材料、工艺、设备、防护措施和环境等因素发生重大变化，或者有关行政规定发生变化的前后。这是 HSE 风险管理的重点。

(5) 特殊时间：包括每日开工前，也包括节假日前后。主要是考虑可能发生的变化。

(6) 特别活动或事件：包括事故后。主要是控制事故影响，防止次生事故。

(7) 方案实施前后：主要是控制和评价方案实施结果。

(8) 接触、使用或处置危险物质或意外能量释放：与危险化学品和能量意外释放相关的活动。

HSE 风险监控的首要任务就是核实在 HSE 风险管理计划中确定的所有经批准的 HSE 风险应对活动的实施情况，可否引起了相应的变更，是否有任何缺失。

风险监控活动要与项目监控活动相结合，与项目管理的相应知识领域和管理过程相融合，成为项目管理的一个有机组成部分。

将定期和计划性项目检查活动与 HSE 风险管理活动相结合，将日常项目管理活动与 HSE 风险监控活动相结合，将项目绩效考核活动与 HSE 风险管理审计活动相结合。

在项目收尾时，项目经理应当以 HSE 风险管理第一负责人的身份，组织对项目风险管理过程进行综合性的分析和审计。全面清查 HSE 风险清单和重大 HSE 风险一览表中的每一个 HSE 风险的关闭情况，将项目 HSE 风险管理的信息、成果和经验整合形成组织过程资产。

第二节 HSE“风险立方”

一、HSE 风险立方的作用

HSE 风险立方是指将“HSE 风险分层管理”“作业风险等级”和“作业分级管理”视为组成一个立方体的三个维度，以现场作业 HSE 风险管理为“面”，以“项目 HSE 风险管理”为“干”，形成 HSE 风险管理的“立体”结构，从而以“空间”的形式综合表征现场作业 HSE 风险管理责任和与此相关联的 HSE 风险程度。见图 4-8。

图 4-8 风险立方

构建 HSE 风险立方的作用如下：

构建以 HSE 风险“分层”管理和现场直接作业活动的“风险等级”和“分级”管理为组织架构的现场作业 HSE 风险管理责任体系。将 HSE 风险程度、HSE 管理责任与项目组织结构和作业工艺等级相结合，在垂直层面上明确 HSE 风险管理的程序，在水平方向上划分 HSE 风险管理的范围。这个体系实质上是与 HSE 风险管理组织分解结构(OBS)相结合的 HSE 风险分解结构(RBS)。

构建与 HSE 风险程度、现场 HSE 管理责任和现场直接作业技术程度相连接的 HSE 风险“空间结构”，将通过危害辨识和风险评价形成的危险因素按照其对应的“空间”位置表示，为进一步“量化”表达现场 HSE 风险因素和现场 HSE 管理状态提供有利于对比的方法和形式，从而为标准化现场检查、作业 HSE 风险预警和现场 HSE 管理绩效考核建立“技术”基础。

二、HSE 风险分层管理

1. 定义

以 HSE 管理权限设置为基础，依靠组织架构，将 HSE 风险管理活动与工作范围、工作程序和工作责任相对应，形成与项目组织结构对应的层级化 HSE 风险管理结构。

分层管理是根据“属地管理”“业务管理”和“专业管理”原则，按照“岗位-工作-责任”一体化方式，依据项目组织结构和工作责任体系，明确 HSE 风险管理内容，确定 HSE 风险管理范围，落实 HSE 风险管理责任。它是将项目的工作岗位与 HSE 风险管理相结合，将项目的工作内容与 HSE 风险管理内容相结合，将项目的工作责任与 HSE 风险管理责任相结合，从而使 HSE 风险管理与项目日常工作有机融合，从而明确地解决了 HSE 风险管理的“谁来做”和“做什么”的问题。

2. HSE 风险管理的层级

分为三个层级，见图 4-9。

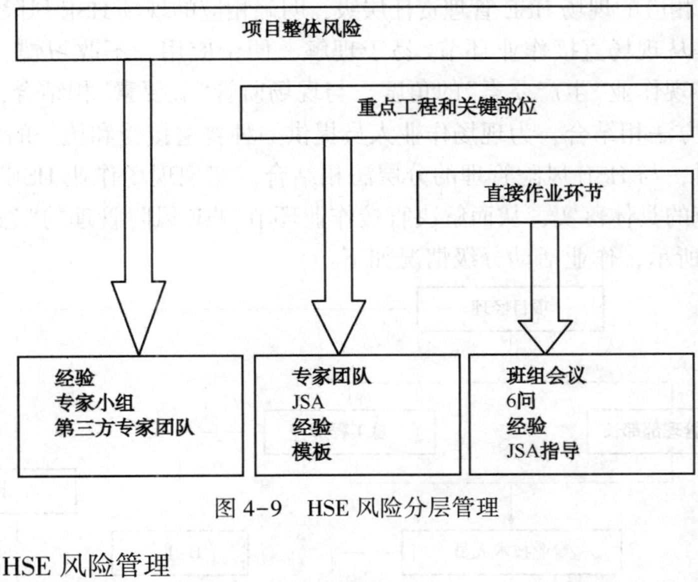

图 4-9　HSE 风险分层管理

(1) 整体 HSE 风险管理

从项目整体的角度出发，对项目实施的全过程和全面风险进行评价和制定管控措施，其目的是为项目 HSE 风险管理提供一个整体的检查标准、评价依据和管理平台。

项目经理组织相关人员，将 HSE 风险管理与项目管理相结合，形成并实施项目

HSE 风险管理计划，对项目整体 HSE 风险进行总的策划、分析、评价、应对和监控。

（2）重点 HSE 风险管理

针对项目的重点工程、重点部位、关键环节、重要工艺过程和特殊作业，有重点地组织进行多专业的 HSE 风险策划、分析、评价、应对和监控，其目的是对项目实施过程中的重要环节提供有针对性的、具体的 HSE 风险警示判据和控制措施。

项目专业职能部门会同 HSE 管理职能部门，组织相关作业的实施方和管理方，形成并组织实施具体针对重点环节的 HSE 风险管理方案，组织开展相应的、有针对性的 HSE 风险策划、分析、评价、应对和监控活动。

（3）直接作业环节 HSE 风险管理

针对直接作业活动，在作业实施前，进行具体的作业 HSE 风险评价、作业方案交底和作业条件确认等管理活动，其目的是落实直接作业环节 HSE 风险管理的具体控制措施。

直接作业者为主体，作业者、监护者和管理者组成的现场作业 HSE 风险管理团队，采用适应现场需求和情况的方式方法，对具体的现场作业活动，进行针对性的危害辨识、风险评价、安全措施确定、安全技术交底、作业条件确认、应急措施落实和作业过程检查监控。

三、作业活动分级管理

参照工程造价形成的“生产要素”方法，将专业作业活动按照作业内容和数量、作业资源投入、作业技术程度和作业实施难度四个方面分级，由此表征对应的作业 HSE 风险程度，进而提出相应的现场 HSE 管理责任层级，明确相应的现场 HSE 风险管理职责。

分级管理是从现场直接作业环节“易于理解、便于应用、不改习惯、有规可依”的需求出发，从实现作业“生产要素”的角度，与现场监管“五要素”相结合，与“现场作业风险管理指导”方法相结合，为现场作业人员提供一种普遍接受和统一的作业 HSE 风险评判标准。同时，与 HSE 风险管理的分层法相结合，实现现场作业 HSE 风险管理责任在直接作业环节的具体落实，从而解决直接作业环节 HSE 风险管理的“怎么做”的问题。

如图 4-10 所示，作业活动分级情况如下：

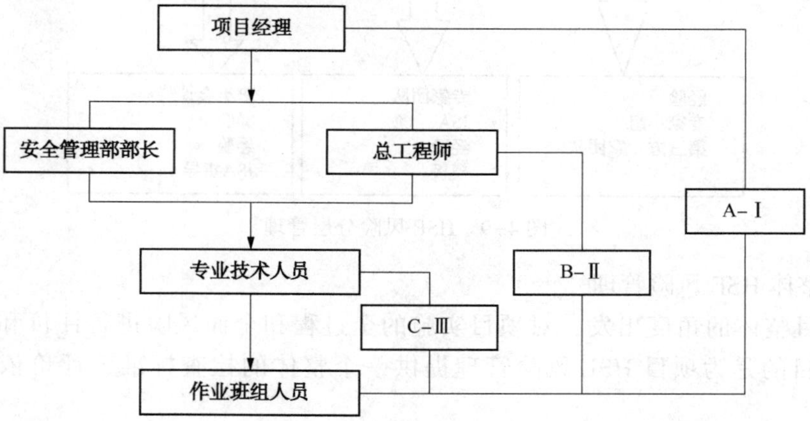

图 4-10　作业活动分级

（1）按照作业内容和数量、作业资源投入、作业技术程度和作业实施难度，将现场专业作业活动分为 A、B、C 三个级别。

（2）按照作业可能的 HSE 风险程度所要求的现场 HSE 管理力度，将直接作业活动分为Ⅰ、Ⅱ、Ⅲ三个级别。

（3）按照不同的级别，确定相应的现场监管职责和责任人。

施工作业安全分级管理详情见表 4-2。

表 4-2　施工作业安全分级管理表

作业项目		作业级别			管理等级			责任人		
		A	B	C	Ⅰ	Ⅱ	Ⅲ	项目经理	总工程师 HSE 部长	责任工程师 HSE 监督员
一般作业	1. 一般起重作业			√			√			√
	2. 一般设备安装			√			√			√
	3. 金属结构制作安装			√			√			√
	4. 管道安装(中压以下)			√			√			√
	5. 焊接作业		√			√				√
	6. 电气安装			√			√			√
	7. 仪表安装			√			√			√
	8. 防腐作业		√			√				√
	9. 绝热、防火作业			√			√			√
	10. 高处作业(三级以下)		√			√				√
特种作业	1. 容器内作业	√			√				√	√
	2. 化学清洗作业		√			√			√	√
	3. 中低压系统试压吹扫		√			√			√	√
	4. 单机试车		√			√			√	√
	5. 管道安装(高压以上)		√			√			√	√
	6. 高处作业(三级以上)		√			√			√	√
特殊作业	1. 大型设备吊装	√			√			√	√	√
	2. 大型设备运输	√			√			√	√	√
	3. 高压系统试压	√			√			√	√	√
	4. 联动试车	√			√			√	√	√

四、现场作业 HSE 风险管理活动

根据不同的管理分层和作业分级，从管理者和直接作业者能力和实施的便宜性出发，在保证管理有效性的基础上，在不同层级和不同级别上应用不同方法开展 HSE 风险管理活动。

（1）项目整体 HSE 风险管理和重点工程、重点部位、关键环节、重要工艺过程和特殊作业的 HSE 风险管理是在定性分析技术的基础上，以定量分析方法为主。实践中，

多是在“五要素”“专家会议”“风险矩阵”等方法的基础上，以JSA法为主，结合其他方法实施。

（2）直接作业环节风险管理多是以项目整体HSE风险管理和重点工程、重点部位、关键环节、重要工艺过程和特殊作业的HSE风险管理的成果为依据，通过会议、检查表法、专家判断等方法开展HSE风险管理活动。

（3）对于作业班组，一般是利用班前会或班组会议，依靠JSA指导下的“6W”法的形式，对照风险清单、重大风险一览表和相应的施工方案，集中分析“五要素”，逐项确认HSE作业风险状态和落实应对措施。

第三节　作业风险的现场预警

作业现场的HSE风险是动态变化的，HSE风险管理的关键是及时发现作业过程中的HSE风险，并及时采取应对措施，要想做到这一点，风险的预警是重中之重。因此，HSE风险预警是HSE风险应对和HSE风险监控的基础和前提。

一、什么是“作业HSE风险预警”

作业HSE风险预警是指在危害辨识和风险评价的基础上，依靠现场HSE管理组织体系和工作程序，实现对作业风险动态的预防和预控。

作业风险预警是项目HSE风险管理体系的一个组成部分，依靠项目HSE管理的组织、程序、方法、资源、环境和条件，在现场安全“网格化管理”和“专业保护层管理”的组织架构内运行。

二、现场组织

作业现场HSE风险预警分为“作业点”“作业区域”和“HSE专业管理”三个层级，见表4-3。依托现场安全“网格化管理”“HSE风险分层管理”和“专业保护层管理”的组织网络运行。

第一个层级，作业点：作业点是HSE风险预警的具体预报和处置执行机构，对应现场安全“网格化管理”基础网格，针对具体的设备、设施、作业点或作业环节，或工况、工艺过程或作业过程，或岗位、人员、单元、区域，确定风险预警责任和人员。

第二个层级，作业区域：作业现场是HSE风险预警的主要职能机构，其职能是报警和执行预控。对于业主是指装置或车间，对于工程承包商是指作业区或作业队，对应现场安全“网格化管理”一级网格。

第三个层级，HSE专业管理：HSE专业管理是HSE风险预警管理的主要职能机构或团队，其职能是预警监管和预警执行，主要是指项目干系人的各级项目HSE专业管理机构。除HSE专业管理机构外的其他职能机构的主要职能是协助预控管理、执行相应预控职责、综合管理、统筹决策和信息维护，主要是指项目干系人的各级项目管理职能机构。这个层级对应于“HSE风险分层管理”和“专业保护层管理”。

第三方HSE专业监管团队主要在这个层级上为相关部门或组织提供专业技术支持。

表 4-3 现场 HSE 风险预警组织

预警职能机构	角色	职能	单位		
			业主	承包商	管理方
作业点	预警	预报 执行	现场操作 现场监护	现场操作 现场监护	现场管理
作业区域	预警	预报 执行	现场操作 现场监护 现场管理	现场操作 现场监护 现场管理	现场管理
专业管理	监管 协助	监管 执行 协助 决策	专业管理 职能管理 指导监督 信息管理	专业管理 职能管理 项目管理 信息管理	专业管理 项目管理

三、预警标准和方法

1. 预警标准与信号

作业现场 HSE 风险预警标准是"实时预报""适时预警"和"及时预控"。其中，实时预报的标准是"实时""正确"和"规范"，表征的是现场作业风险预报的质量；适时预警的标准是"多元"，即"全方位""多角度"和"多层面"，表征的是现场作业风险预报的范围；及时预控的标准是"防控措施与风险级别相匹配"，表征的是现场作业风险预报的协调一致。

作业现场 HSE 风险预警的信号是以"HSE 风险立方"为基础，以"安全网格化管理""专业保护层管理""属地管理"和"业务/专业管理"的责任设定为容许限值，以"超限报警"为准则。在现场管理过程中，通过"一体化检查"监视危险因素的变化，对照报警值启动相应的预警程序。

2. 预警方法

（1）风险预报：现场直接作业人员和管理人员为执行主体，通过"自动+人工"的方式，进行现场即时预报。这是风险预警的信号触发点，预报信息为短期或中短期的、动态的、实时的。

（2）风险预警：以 HSE 专业管理人员为执行主体，通过"实时+周期+随机"的形式，进行预先警示。这是风险预警和控制的核心，预报信息一般是专业预警。

（3）风险预控：以各个职能机构为执行主体，根据 HSE 风险管理职责和程序，针对具体的风险预警信息，按照风险预警等级，采取具体的技术和管理响应措施。这是风险预警和控制的最后环节。

现场 HSE 风险预警方法与特征详见表 4-4。

四、预警程序

现场 HSE 风险预警按照"辨识警兆—探寻警源—报告警情—确定警级—发布警戒—排除警患"的程序实施。这既是现场 HSE 风险预警的运行流程，又是其基本内容和工作程序，还是一个完整的"PDCA"循环改进过程。

表 4-4 现场 HSE 风险预警方法与特征

分类	预警方法	特征				
		管理对象	预警方式	预警状态	实施者	预警周期
实时	作业环境异常	作业岗位	专项	动态/实时	专业管理	中短期
	隐患状态异常	设施设备	专项	动态/实时	专业管理	中长期
	作业活动异常	作业岗位	专项	动态	专业管理	短期
	数据监控	作业工艺	自动	实时	现场管理	短期/实时
	风险因素状态	通用	专项	动态	专业管理	中短期
	技术系统提示	系统运行	自动	动态	系统自动	短期/实时
周期	风险类型-频率	通用	专项	静态	专业管理	中长期
	风险级别-频率	通用	专项	静态	专业管理	中长期
	统计分析趋势	通用	专项	静态	专业管理/职能机构	中长期
随机	责任/关注	通用	分析	动态/静态	专业管理	随机
	风险部位	通用	分析	动态/静态	专业管理	随机
	预警级别	通用	分析	动态/静态	专业管理	随机
	管理对象	通用	分析	动态/静态	专业管理	随机
	预警要素	设施设备	专项	动态	专业管理/职能机构	随机
	风险属性	通用	分析	动态/静态	专业管理	随机

现场 HSE 风险预警因素是现场 HSE 风险预的核心元素。预警因素要具备可感知性、可预警性、可预控性和相应的精度，并在时间、部位和等级上保证准确性，同时要充分考虑风险预警因素的动态性，即风险状态影响因素的动态变化特性，特别是影响因素的短周期影响。现场 HSE 风险预警流程见图 4-11。

（1）辨识危险症兆：及时、准确地识别危害发生前的先兆现象是超前、实时、有效预控风险的基础和关键。在 HSE 风险辨识的过程中，注意风险辨识模型和风险类型集合的系统性和全面性，同时，尽量将风险初期状态作为危险症兆。

（2）确定危险源：在识别危险症兆后，进一步分析危险症兆产生的机制和原因，判断正常的状态波动和危险征兆发展趋势，确定危险源。对于某些突发性变化引发的特殊情况，作业点是最直接和及时的危险源分析者。

（3）报告险情：按照 HSE 风险管理职责和程序，将危险症兆和危险源等信息详细、准确地报告和记录。

（4）确定预警等级：对照 HSE 风险管理标准，确定现场实时报告的风险预警等级。

（5）发布警报：HSE 专业管理部门根据预警等级，确定相应的风险等级，向相应的实施部门、管理部门和关注者发布警报。

（6）危险处置：各级各类机构或组织，按照职责、程序和预案，对应风险级别，适时进行风险处置响应。

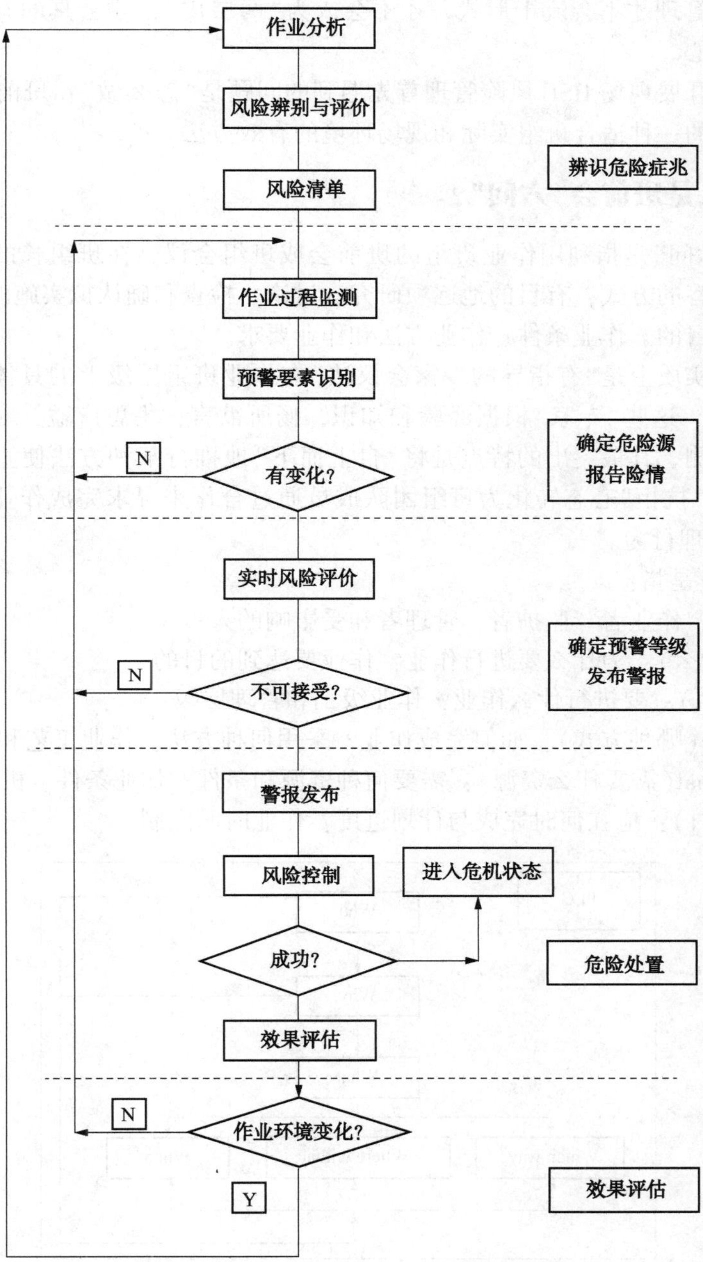

图 4-11　现场 HSE 风险预警流程

第四节　班前会“六问”

HSE 风险管理的“生命力”体现在直接作业者的主动参与和有效实施，作业班组才是 HSE 风险管理活动最基础的组织和最具体的载体。只有每一个作业班组，每一个直接作业者在每日的每一次作业活动中，以“主人翁”的态度，切切实实地去做具体的工作，HSE 风险管理才不会流于形式，才不会成为“两层皮”，才会真的有用，才能成为 HSE 管理的核心。

作业班组开展现场 HSE 风险管理首先遇到的问题是“怎么做”？班前会“六问”就是通过实践形成的一种适合班组实际和现场环境的有效方法。

一、什么是班前会“六问”？

班前会“六问”是指利用作业班组的班前会或班组会议，在班组长的带领下，全体作业人员以问答的方式，有目的地逐项研究、讨论、检查和确认拟实施的作业活动的作业责任、作业目的、作业条件、作业方法和作业要求。

这种方法实质上是“有指导的专家会议法”在作业班组层级上的具体应用。班组成员就是“专家”，这些“专家”根据经验和知识，畅所欲言，集思广益，对当前作业风险进行分析和预测。其最突出的特点是将“自上而下”地推行某种方法使直接作业者产生的“被动”甚至“抗拒”心态转化为班组团队成员通过合作来寻求完成作业任务的最佳方法的“主动”管理行为。

六问(6W)是指：

Who(谁)：作业者、监护者、管理者和受影响的人；

Why(为什么)：为什么要进行作业？作业要达到的目的；

What(什么)：要进行什么作业？作业级别和管理层级；

Which way(哪种方式)：如何完成作业？采用何种方法？作业工艺和方法；

Where withal(需要什么资源)：需要何种资源和条件？作业条件、机具设备；

When(何时)：应在何时完成与计划进度？作业时间限制。

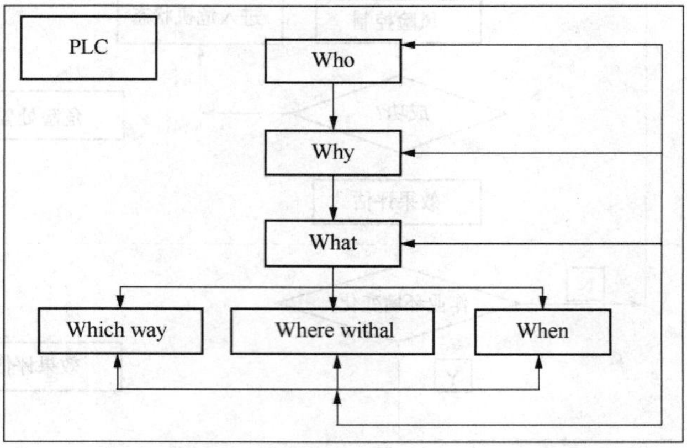

图 4-12　班前会“六问”

二、“六问”的实施程序

(1) 组织会议：班组全体人员参加会议，直接作业人员必须参加会议。在“网格化管理”和“专业保护层”的组织架构内，相关业主管理人员和工艺责任人员应参加会议，提供相关的装置和工艺信息。

(2) 议定规则：班组长主持会议，阐述作业计划、作业条件、作业内容、作业方案，确定议事规则并指定专人记录讨论结果。

(3) 逐项讨论：班组成员，特别是直接作业者，在JSA指导下，按照“6W”程序，对拟定的作业活动，逐项逐个环节地进行分析。结合现场管理“五要素”和“现场管理标准化”进行逐层分析，辨识相关风险因素，研讨应对措施。

(4) 整体观察：班组成员，特别是直接作业者，在“逐项讨论”的基础上，从项目阶段或施工阶段的角度(PLC)，全面分析作业风险的整体影响，辨识相关风险因素，研讨应对措施。

(5) 汇总结果：分析和归纳会议的讨论结果，修改或补充作业指导文件。

(6) 要点复述：直接作业者根据讨论的结果，针对作业活动，重新全面表述现场HSE风险要点和管控要领。

三、“六问”的实施要点

(1) 这种方法是从班组这个最基层作业团队的角度，结合工作实际和现场实况，开展针对当日当时作业活动的综合性危害辨识和风险评价，解决班组整体风险管理的问题，可以直接面对作业的变化，是一种日常HSE风险管理方法。

(2) 在具体应用班前会“六问”法的时候，注意使用JSA方法来提供参考和基准。与“JSA指导”相比，班前会“六问”法更关注的是即时、特殊和具体的HSE风险对作业活动和作业者的影响。

(3) 既鼓励班组团队成员围绕具体的作业任务展开共同讨论，集思广益；又鼓励对已提出的设想进行改进、补充和综合，还要鼓励提出不同意见和观点，提倡自由讨论，充分激发员工的积极性和创造性思维。同时，要注意引导与会人员集中精力，发言要简明扼要，切中要害，要即席发言，不要预先准备讲稿后照本宣科。

(4) 这种方法不仅仅适用于作业前，同时也适用于作业过程中和作业结束后的实时危害识别和风险评价，特别适用于相关前提条件发生变化时的实时危害辨识和风险评价。所以，现场作业“六问”是一个在作业全周期内不断反复、持续实施的过程。

(5) 实践中，作业时间、作业地点、作业种类、作业内容和主要作业人一般是已经由作业任务单确定的。实施现场作业“六问”法时，每次集中分析和预测当前的施工作业活动的风险。自始至终要围绕“我要做什么?”“怎么做是对，怎么做是错?”和“怎么才能防止出错?”三个问题展开讨论。集中讨论实施作业的可行性，优化作业方法和作业工艺，完善作业条件，加强直接作业人员配备，确认作业工机具，预判作业过程风险，确认应急措施，设置现场和个人安全防护措施等方面。特别应该关注交叉作业、平行作业和邻近区域作业的相互影响。

(6) 特别强调，“要点复述”环节是“PDCA”循环的关键一环，一定要坚持执行，一定要让直接作业者来系统复述。这是这个方法的独特之处。

第五节　怎样在现场用好“JSA”方法

实践中发现，现场直接作业者在开展作业危害辨识和风险评价时，特别是使用“JSA(工作安全分析)”方法时，遇到的最大困难是“不具备相应的专业知识”“没有时间也没有人来做”和“不知道从何下手做”。以现场大力推行的“JSA”方法为基础，结合“HSE风险分层管理”和“作业活动分级管理”，针对典型的、常规的和普遍的现场作业活动制定风险管理指导标准，为直接作业人员有针对性地实施具体的HSE风险管理活动提供参考和专业技术支持，以达到规范现场HSE风险管理行为、减少随意性和提高管理绩效的可比性的目的。

一、什么是“JSA指导”？

“JSA指导”是指对现场典型设备、常规作业和通用实施阶段，采用“JSA”方法进行危害辨识和风险评价，形成具有一定普遍适用意义和相对标准化的“JSA指导”。现场HSE管理人员和直接作业者在作业前的HSE风险管理活动中，可以参照检查确认相应的作业风险、安全交底、员工资质和安全作业条件，并为作业中的监督检查提供指导，还可以为HSE管理绩效提供考核评价标准。

这种方法是为现场直接作业环节作业者和现场管理人员提供一种现场施工作业危害辨识和风险评价工作的统一基准和参考标准。

二、“JSA指导”的工作程序

（1）作业活动分解（WBS）：根据项目实施计划和相应的阶段作业计划，确定相应时段的计划作业活动。将计划作业活动按照WBS分解方法，分解为具体的工作步骤，对照作业分级，确定相关作业步骤的级别，形成直接作业环节JSA提示表。这里要特别指出的是，WBS应当针对具体的单个作业活动。

（2）进行危害辨识和风险评价：按照“属地管理”“业务/专业管理”原则，依照作业清单，采用“JSA”方法，对责任区域和对应层级的作业活动和管理活动进行危害因素辨识与风险评价。对于识别出来的每一个工作步骤的危害因素，判定风险等级，制定风险控制措施，落实到风险管理责任人员，形成危害辨识和控制提示栏。

（3）编制现场检查标准：将风险控制措施和风险管理责任人员相对应，明确相应的危害因素防护技术措施，形成作业JSA记录表。

（4）作业前的检查确认：作业负责人和作业人参照危害辨识和控制提示栏以及作业JSA记录表，开展现场风险管理活动，补充和完善相应作业安全措施。

（5）作业中的监督管控：作业中，作业监督管理人员参照危害辨识和控制提示栏以及作业JSA记录表，对照作业安全条件，对作业过程进行监督检查。

三、“JSA指导”的使用

（1）“JSA指导”是为占现场作业活动大部分的典型、常规和普遍的作业活动的HSE危害辨识和风险评价，提供一种相对标准、内容规范和方法统一的“模板”。目的是给现场直接作业者提供开展作业危害辨识和风险评价的工作内容参照、专业技术指导和实施思路“引子”。现场班前会中，要针对具体的作业和现场实际情况，通过“六问”方法，进行调整和补充。最重要的是要始终贯彻“JSA指导是为现场直接作业环节的具体HSE风险管理活动提供参照和技术指导”这个“服务现场”的核心理念。

（2）为保证其有效性，应按照“谁作业谁评价”的原则，尽可能让直接作业者或直接管理者参与编制，充分吸收直接作业者的意见。这是“JSA 指导”的出发点。

（3）为保证其实用性，应按照“干什么写什么”的原则，使其内容尽可能针对具体的作业活动或管理活动。这是“JSA 指导”的核心和灵魂。

（4）为保证其一致性，工程承包商（分包商和劳务合作方）编制的“JSA 指导”，应报项目管理单位和业主姓名职能部门审批。应当认识到，工程承包商（分包商和劳务合作方）编制的“JSA 指导”，才是对施工作业活动最直接和最实用的。这是“JSA 指导”的公平基准和活水来源。

（5）“JSA 指导”不能代替必要的方案、指导书或措施，它只是对日常作业风险管控活动的参照标准和技术支持，可以作为相应技术文件或管理文件的一种补充。这是“JSA 指导”的方便之门和融合之路。

（6）“JSA 指导”只是提供相对通用的分类作业危害辨识和风险评价参考和标准。所以，应该对“JSA 指导”实施动态管理，根据现场作业实际和现场实况，定期或实时变更。

（7）在实践过程中，要不断积累作业活动分解及相应的危害辨识和风险评价经验和资料，形成“典型设备”“通用设备”“典型作业”“通用专业作业”“许可作业”“特种作业”和“具体装置或企业的专门设备或作业”的相关数据库。

JSA 方法表格模板见表 4-5。

四、以 JSA 指导为基础的现场检查表

1. 什么是以 JSA 指导为基础的现场检查表？

以 JSA 指导为基础的现场检查表是指将现场作业活动，按照“施工专业”“管理专业”“典型工艺”“典型设备”“许可作业”“特种作业”“常规作业”“特殊专业作业”等，分类进行 JSA 分析，制定相对标准化的“JSA 指导”，从而进一步分解形成一系列检查细目。据此，对作业活动进行逐项检查和分析，以确定现场的状态，识别所存在的风险。

表 4-5　JSA 方法表格模板——直接作业环节 JSA 提示表

序号	作业步骤	作业步骤细分	危害描述（注 1）	现有控制措施（注 2）	补充控制措施（注 2）
一	作业前安全措施确认				
二	作业活动				
三	完工验收				

注 1：危害辨识提示栏				注 2：控制措施提示栏		
人	机(设备、能量)	环	管	工程控制措施	标志、警告和管理控制措施	个体防护装备
□专业技能和安全意识不足	□设备不达标	□作业区杂乱	□操作规程不规范	□机械代替手工	□警示带	□安全帽
□指挥失误	□密封不良	□地面湿滑	□未落实培训	□无毒代替有毒	□挂签	□安全鞋
□违章指挥	□设备缺陷	□作业场所空气不合格	□未进行安全交底	□低毒代替高毒	□作业许可证	□呼吸器
□违章作业	□无防护装置	□周围正在进行的作业活动和作业人员	□事故应急预案及响应缺陷	□减少重量、尺寸	□现场报警系统	□防护服
□违规监护	□摆放错误	□盲区、死角	□违规使用、管理作业许可证	□密封	□作业监护	□防护手套
□超出能力范围	□设备过载	□作业产生的废物垃圾	□其他	□局部通风	□教育培训	□防护眼镜
□健康状况异常	□电伤害	□安全撤离路线堵塞		□稀释通风	□规章制度	□面罩
□用力过度/背部扭曲/视觉疲劳/重复动作	□噪声	□异常天气		□联锁	□合理工作时间，减少暴露	□安全带
□其他	□高空坠物、飞溅物或其他物体伤害	□吸入/接触化学品		□湿法	□其他	□其他
	□明火	□作业场所存在危险品		□安全距离		
	□高温/低温	□照明不足		□隔离		
	□爆炸品/易燃品	□脚手架、阶梯缺陷		□设置薄弱环节		
	□有毒品	□警示标示缺陷		□其他		
	□介质渗漏	□缺乏监控设备				
	□其他	□缺乏消防设备				
		□其他				

这种方法是具体实施“网格化管理”“专业保护层”和“检查”等现场监管活动的工具，是各级组织和各个专业普遍使用的最常用方法。它可以形成可追溯的监管行为记录，从而产生经验和教训，提供“PDCD”循环改进的基础资料。

2. 检查表的分类

（1）根据“专业保护层”设置分，形成专业作业活动和专项作业活动检查表。

（2）根据检查计划分，形成日常、定时、区域作业活动检查表。

（3）根据现场管理“标准化”要求，形成作业活动“五要素”的“标准化管理”检查表。

3. 实施程序

（1）收集与评价与各类各种现场作业有关的数据和资料以及可借鉴的检查标准。

（2）按照“WBS”方法，对作业活动进行分解，形成作业活动分解细目。

（3）根据“专业保护层”“一体化检查”和“标准化管理”要求，围绕现场作业“五要素”，逐项分析作业活动细目，确定检查内容和项目。

（4）统一组织编制各种各类检查表。

（5）确定试点区域或部位，组织试用检查表。根据试用情况和相应反馈意见进行修改。

（6）按照确定的检查表进行现场检查，重点关注主要危险有害因素、重大危验源和重大事故隐患。

（7）分析整理检查所获得的资料，形成检查报告。

4. 工作要点

（1）从现场HSE检查行为和HSE管理绩效考核的“标准化”的目的出发，现场检查表的应按照“HSE风险立方”三个维度的思路，分类分专业编制，并根据实践经验和成功实践进行必要的“量化”。同时，为尽量减少其固有缺陷的影响，在编制时应注意：

① 依据现行法律、法规、标准、规范和规定。

② 编制人员要熟悉作业专业，能够借鉴相关资料确定检查内容。

③ 拟定的检查表要经过相关专业和各级人员评价。

④ 检查表要贯穿现场作业的各个阶段，覆盖相关的各个专业，涉及管理和作业的各项活动，尽量防止漏项。

⑤ 尽量吸收其他过程的经验，特别是类似事故或以往事故的经验教训。

（2）现场检查表主要用于识别作业过程各个阶段可能导致事故的具体条件或程序。比较直观现实，可以直接发现隐患，当场监督整改。但是，使用效果受检查者个人能力和素质的影响较大，与具体的检查方法和手段有密切关系。

（3）实践中，一般是以“网格化管理”和“专业保护层”为依托，与“JSA指导”相结合，通过班前会“六问”和“一体化检查”为形式，具体使用。

（4）一般是在“一体化检查”时，使用系统化的检查表的得分作为HSE管理绩效考核的原始数据。因此，表中的分项赋值、现场的检查打分和定期汇总需要统一考虑被检查单位或区域的作业人数、作业性质、作业复杂程度、作业时间周期和接受检查的次数对考核原始数据的准确性和可比性的影响。实践中，按作业活动分级，考虑风险分层确定分项赋值。

5. 现场检查表示例

详见表4-6和表4-7。

表4-6 直接作业现场施工前"5分钟"HSE检查表(起重)

施工车间		施工班组	作业组长： 作业组的HSE监察员：
施工时间、地点及项目	作业时间：　　；作业地点： 作业项目：		
作业性质	□配合维护施工 □抢修 □检修 □安装工程 □其他		
作业工种/人数	起重工(　　)人；　架子工(　　)人		
作业内容	□拆除 □设备吊装 □工艺管线吊装 □安全阀吊装 □换热器检修 □钢结构吊装 □设备装、卸车 □脚手架搭拆 □其他		
应必须开具的作业票(应开必开!)	□起重票；□一般作业票；□高处作业票□进入受限空间作业票 □硫化氢区域作业票；□其他作业票(　　)		
天气危害	□雨；□雹；□雷；□雪；□雾；□沙尘；□六级风以上；□夜晚视线不良；		
现场中存在的主要危害——对应采取防范措施	□粉尘；□噪音；□辐射；□高温；□易燃；□易爆；□冻伤；□烫伤；□敞口井、洞、坑、沟；□物品易滑落；□垮塌；□挤；□压；□撞；□砸；□埋；□坠落；有毒介质：(□硫化氢；□氯气；□氮气；□二氧化碳；□丙烯晴；□氨；□酸；□碱；□异味；□其他)		
必须使用的防护器具	□安全带；□双大钩；□安全绳；□警戒绳；□隔离服；□耳塞；□防护眼镜；□防护面罩；□防尘□罩；□防毒□罩；□长管式呼吸器；□正压式空气呼吸器；□占道施工标志牌；□报话机；□其他		
设备、工机具检查内容	卷扬机	□接地及防漏电保护；□安全防护罩齐全有效；□电路无损完好；□空载试验检查完好；□防雨棚；□安装符合规定要求；□符合吊装要求	
	抽芯机	□安全防护装置齐全有效；□电路无损完好；□空载试验检查机械运转正常；□一机一闸一保护；□作业平台牢固可靠；□各部件齐全有效，□符合吊装要求	
	倒　链	□负荷匹配；□经有关部门检查检验合格；□手拉链、起重链升降流畅；□上、下钩保险卡齐全有效；□防护罩牢固无损；□个零部件齐全完好；□符合吊装要求	
	吊　索	□核算后选型；□无锈蚀；□无断丝；□无死结；□无变形；□符合吊装要求	
	卸　扣	□表面光滑无毛刺；□无裂纹；□无变形；□轴销无滑丝，□符合吊装要求	

必须采取的主要控制措施：(在对应的"□"处打勾或补充填写，所选项必须逐条落实到位!)

□作业许可证拿到，安全措施逐条落实 □吊装作业等现场危险区域拉警示绳、设监护人

□禁止、杜绝酒后及隔日尚未醒酒的人员进入施工现场 □处于易燃易爆区域所有人员必须关闭手机等非防爆通讯工具 □上岗特种作业人员持证，四级HSE监察人员戴袖标

□脚手架已悬挂验收合格标牌、经摇晃确认牢固后方可使用 □洞口、井口、粗竖管口、深坑边、高处等临边作业，以及无标准防护措施处进行高处移动时使用双大钩安全带 □高温、高压、易燃、易爆、有毒、有害、粉尘、噪音等场所，佩戴符合要求的劳保护品、用具 □作业现场精力集中、相互提醒，严禁嬉笑打闹、玩手机、打盹 □高处作业携带工具袋、设置储物箱，杜绝高空抛物 □确定好应急撤离路线

已采取的其他风险防控措施：

排查结论：经过危害辨识和落实风险防控措施，本次施工已具备安全作业的前提条件。

全体作业人员签名：

注：1. 班组完成"三交一清"后方可进入现场；2. 此表必须由作业组长带领本小组作业人员进行现场排查和核实，并全体确认签字；3. 每次已排查的环境状况发生改变、每次进入新的装置区域、每次更换主要作业内容后，都必须重新排查；4. 此表由作业组长填写，每周交班长收集保管，月底转交专职安全员统一存档。

表 4-7 直接作业现场施工前“五分钟”HSE 检查表(电仪)

<table>
<tr><td>施工单位：</td><td></td><td>施工班组</td><td></td><td rowspan="2">作业组长：
作业组的
HSE 监察员：</td></tr>
<tr><td>施工项目、地点、
时间及人数</td><td colspan="3">施工项目：　　　　　　作业时间：
作业地点：　　　　　　作业人数：</td></tr>
<tr><td>作业内容</td><td colspan="4">□临时供电；□热处理；□电缆拆除、敷设；□电缆头拆除、制作、安装；□接地安装；□金属支架制作、安装；□桥架拆除、安装；□照明拆除、安装；□盘柜拆除、安装、检维修；□变压器拆除、安装、检维修；□仪表拆除、安装、检维修；□电气试验；□电气调试；□电气送电；□仪表调试；□进入受限空间作业；□吊装运输作业；□高空作业；□临边作业；□脚手架作业；□梯子作业；□吊篮作业；□交叉作业；□无齿锯切割作业；□电气焊作业；□磨光机打磨作业；□机械设备操作；□其他作业______</td></tr>
<tr><td>必须开具的作业票
(应开必开!)</td><td colspan="4">□一般作业票；□机动车进入票；□火票；□电票；□高处作业票；□进入受限空间作业票；□硫化氢作业票；□起重票；□破土票；□其他作业票______</td></tr>
<tr><td>天气危害</td><td colspan="4">□雨；□雹；□雷；□雪；□雾；□沙尘；□≥六级风；□夜；□黑；□高温；□低温；□其他：______</td></tr>
<tr><td>现场中存在的主要危害
——对应采取防范措施</td><td colspan="4">□高处坠落；□物体打击；□触电；□火灾爆炸；□中毒和窒息；□碰、撞、跌倒、割、划、刺砸等伤害；□辐射；□灼烫；□中暑；□冻伤；□车辆伤害；□机械伤害；□起重伤害；□眼部伤害；□粉尘；□噪音；□其他伤害______</td></tr>
<tr><td>使用的设备、工机具、
仪器仪表完好性检查</td><td colspan="4">□选型错误；□安装、架设方式违规；□无周期检验标签或过期；□未经安全检查；□防爆性能不足；□安全电压不符；□接地、漏电保护不符；□安全防护装置失效或没有；□有质量缺陷致安全性能降低——以上问题必须立即整改——□无问题　□已整改完成</td></tr>
<tr><td>必须使用的防护器具</td><td colspan="4">□绝缘手套；□绝缘鞋；□绝缘板；□绝缘棒；□绝缘服；□单大钩安全带；□双大钩安全带；□安全绳；□耳塞；□防护目镜；□防尘口罩；□防毒口罩；□防护面罩；□警戒绳；□应急灯；□接火盆；□石棉布；□灭火器；□报话机；□(高压)验电笔；□其他______；</td></tr>
</table>

必须采取的主要控制措施：(在对应的“□”处打勾或补充填写，所选项必须逐条落实到位!)

□桥架等材料、零部件运送前牢固拴绑　□作业许可证拿到，安全措施逐条落实　□处于易燃易爆区域的所有人员必须关闭手机等非防爆通讯工具　□作业现场精力集中、相互提醒，严禁嬉笑打闹、玩手机、打盹　□上岗特种作业人员持证，四级 HSE 监察人员戴袖标　□正确使用劳保护品、安全用具，按需要戴好护目镜、防尘口罩、耳塞　□戴防毒口罩(有毒气体：______)　□使用梯子要进行垫底、拴固拉撑，专人扶梯监护　□脚手架已悬挂验收合格标牌、经摇晃确认牢固后方可使用　□高处作业携带工具袋、设置储物箱，杜绝高空抛物　□热处理区、高处施工作业时下方等现场危险区域拉警示绳、设监护人　□高空电焊、气割等作业使用接火盆、石棉布接挡焊渣飞溅　□氧气瓶、乙炔瓶储存和运输时戴好瓶阀防护帽罩　□承压气瓶有两个防震圈，管口箍紧，压力表无破损　□易触及的带电部位已采取有效隔离　□电源线无破皮裸露，高挂或穿管过路，配电箱防雨、锁门，用电设备接零、接地、一机一闸一保护　□洞口、井口、粗竖管口、深坑边、高处等临边作业，以及无标准防护措施处进行高处移动时使用双大钩安全带　□使用防爆开关、防爆灯具　□严格执行电气试验操作规程，试验前认真检查试验设备完好程度，试验区域拉设警示绳，专人监护　□严禁约时停送电　□搬运、检修设备严格执行停电闭锁挂牌管理，必须停电，挂“禁止合闸，有人工作”标识牌，设专人看停电开关　□严格落实送电安全确认票制度，执行监护人唱票、操作人复诵、核对设备等规定　□确定好应急撤离路线

已采取的其他风险防控措施：

排查结论；经过危害辨识和落实风险防控措施，本次施工已具备安全作业的前提条件。

全体参加作业人员签名：

注：1. 班组完成三交一清后方可进入现场；2. 此表必须由作业组长带领本小组作业人员进行现场排查和核实，并全体确认签字；3. 每次已排查的环境状况发生改变、每次进入新的装置区域、每次更换主要作业内容后，都必须重新排查；4. 此表由作业组长填写，每周交班长收集保管，月底转交专职安全员统一存档。

第五章　现场 HSE 专业培训

HSE 培训作为现场作业人员和管理人员获取 HSE 理念、HSE 知识、HSE 技能的主要途径和首要渠道，是项目 HSE 管理活动的重要组成部分。石油化工工程建设和检维修项目的系统化 HSE 培训是项目 HSE 管理的基础和有效手段，也是项目 HSE 管理体系建设的永恒主题。

总结多年的实际经验，在充分吸收人力资源管理理论和方法的基础上，提出以“HSE 管理专业培训模块”和“现场 HSE 管理全生命周期培训”为核心的供给式项目 HSE 培训方法体系。

第一节　HSE 专业培训过程

一、什么是“现场 HSE 专业培训”？

现场 HSE 专业培训是指以参与工程建设和检维修项目的全体员工为对象，与项目实际情况、现场具体状况和直接作业环节特点相适应，对相关的 HSE 管理理念、政策、规章、制度、法律、法规和标准以及现场 HSE 风险控制的方法、技术、工艺、方案和程序进行的教育和培训。

现场 HSE 专业培训由业主和承包商根据其实际需求分别实施，业主会同项目管理方检查确认承包商员工接受培训的情况。

根据不同的分类方式，培训分类如下：

（1）按照培训时间，分为“入场前培训”“作业前培训”和“实施过程中培训”。

（2）按照培训受众，分为“领导层培训”“专业管理人员培训”“作业员工培训”“特种作业人员培训”和“特殊作业人员培训”。

（3）按照培训内容，分为“专项培训”“专题培训”和“专业培训”。

（4）按照培训形式，分为“集体培训”“课堂培训”“会议培训”“对话培训”等。

二、HSE 专业培训过程

HSE 专业培训工作分为“需求分析”“制定培训计划”“试训”“实施培训”和“效果评估”五个过程。见图 5-1。

1. 需求分析

是培训工作的关键步骤，其目的是识别改进 HSE 管理绩效和提高 HSE 管理工作效率所需的工作能力。这个过程包含：

（1）组织分析：从培训的背景出发，判断培训工作与项目团队的规划和资源是否相适应；团队成员和高层管理者对培训是否支持；是否能将培训的成果应用到管理实际工作中去。重点是确定项目团队成员对于培训工作的不同关注重点：高层管理者关注的是

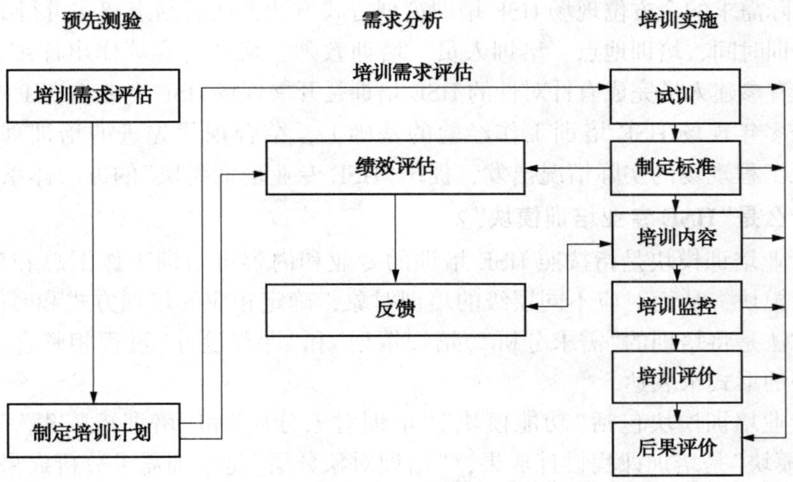

图 5-1　HSE 专业培训过程

企业发展战略与培训工作的联系；项目经理关注的是培训工作对实现项目目标的促进作用；项目团队成员关注的是培训对实际岗位工作和职业生涯的有益性。

(2) 任务分析：列出工作岗位所要执行的各项任务清单；评定任务清单的可靠性和有效性；明确胜任这一任务所需的知识、技术和能力；目的是决定培训的内容。

(3) 受众分析：明确哪些人员需要哪些方面的培训；他们是否具备基本的技能、态度和信心来掌握培训的内容。

(4) 量化培训目标。

2. 制定培训计划

培训计划是指由项目经理组织编制的现场 HSE 培训活动具体实施方案。培训计划确定了培训目标、方式、方法、内容、课程安排、培训对象、活动经费、活动地点、师资安排、效果评估、绩效考核和专业管理制度。

3. 试训

在小范围内进行培训试点并评估效果，根据评估结果对培训计划进行修订。

4. 实施培训

按照培训计划，具体地实施各项培训活动，包括培训活动的组织与协调、具体的授课或讲解、培训工作的服务支持、培训效果评估和总结交流活动。

5. 效果评估

根据培训计划确定的培训目标，通过观察受训者的反应、学习、行为和结果四项指标在培训前后的变化和测量相应的认知成果、技术成果、情感成果、绩效成果以及投资回报率，判定培训计划的实施成效，决定是否继续进行培训，总结经验改进培训工作。

第二节　HSE 专业培训模块

目前，项目 HSE 管理的一个普遍缺陷就是多数没有系统的、有针对性的培训计划，致使培训工作或流于形式，或头痛医头脚痛医脚，没有针对性，效果不明显。因此，探寻适合项目实际需求的全方位现场 HSE 培训策划方式方法，从而制定切实可行的 HSE 培训计划，对培训时间、培训地点、培训人员、培训教师、培训内容等作出详细、明确的安排，确保所有参建人员完成有针对性的 HSE 培训是开展现场 HSE 专业培训工作的基础。

在总结多年现场 HSE 培训工作经验的基础上，结合现代先进的培训理论和方法，从石油化工工程现场的实际情况出发，提出"HSE 专业培训模块"的方法体系。

一、什么是"HSE 专业培训模块"？

HSE 专业培训模块是指按照 HSE 培训的专业和内容将培训工作汇总和分划，形成相应的功能模块，从而对应不同层级的培训对象，确定相应的培训方式和时间。

这种方法是将培训的"需求分析""培训策划"和"课程设计"过程相整合，统一通过培训矩阵表的形式来表达。

HSE 专业培训模块包括"功能模块""培训对象分层"和"培训矩阵表"三个组成部分。"功能模块"是培训课程设计成果，"培训对象分层"是培训需求分析成果，"培训矩阵表"是 HSE 专业培训模块的表达形式，也是以列表形式表达的 HSE 培训计划。

二、功能模块

功能模块由"基础模块"和"专业模块"两个部分组成。基础模块是将一般性的、通用的和共性的知识点(如 HSE 管理、技能、制度等)进行统一汇总编辑，作为每一类培训都要讲解的基本内容。

按照具体功能，将培训部分划分成"HSE 管理培训"和"HSE 技术培训"两大专业模块，再根据具体专业将"HSE 管理培训"和"HSE 技术培训"两大专业模块细分成 12 个子模块，形成多专业种类的 HSE 专业培训模块体系。见图 5-2。

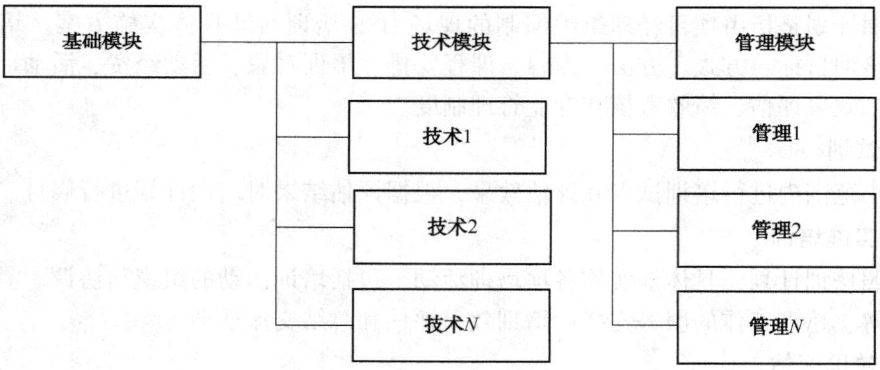

图 5-2 功能模块

三、培训对象分层

培训对象分层是指根据培训对象的组织设置和 HSE 行为表现，按照岗位职责需求，将培训对象分划成相应的层级，从而对不同层级进行有针对性的培训。见图 5-3。

第一层级，高层管理者：以 HSE 基础知识和管理责任体系为重点，使其深刻领会到做好 HSE 管理对于维护员工切身利益的重要作用，将 HSE 体系建设与管理作为提高 HSE 水平与业绩的重要抓手给予高度重视并大力推进。

第二层级，职能管理人员：以HSE管理技能与HSE管理责任为重点，以HSE基础知识、HSE管理方法、HSE责任意识、HSE责任制等为内容对其进行深入培训，强化其责任意识，提高其管理水平。

第三层级，HSE专职管理人员：作为HSE培训的重点，对其进行全面、系统、深入的HSE培训，主要是，HSE理念与文化、HSE责任意识、HSE法律法规及相关标准、HSE管理方法和技术、最新HSE要求、HSE管理专业知识、炼化专业知识、事故分析、危害辨识方法、清洁生产知识、HSE体系审核知识、现场应急处置等内容，使其达到懂专业、知规定、懂方法、会管理、能负责、能够检查出深层次问题的要求，提高其现场综合监督能力及现场把关能力，提升专业素养。

第四层级，现场作业人员：主要讲解现场通用的管理规定、风险辨识、应急常识等常规HSE知识、技能，经培训考试合格后办理入场证，持证进入现场，从源头把关，做到进场人员人人接受培训，人人知晓现场HSE管理要求。

第五层级，特种作业人员和特种设备操作人员：对所有架子工、电工、起重工、探伤工等特种作业人员、许可作业监护人员和特种设备操作人员进行岗位履职必需的HSE专业知识和技能操作培训，使其明确自身职责，提高安全意识。

第六层级，违章人员：针对违章的具体情况，开展以现场教育为主的HSE思想、HSE规定适应性培训和上岗再培训。

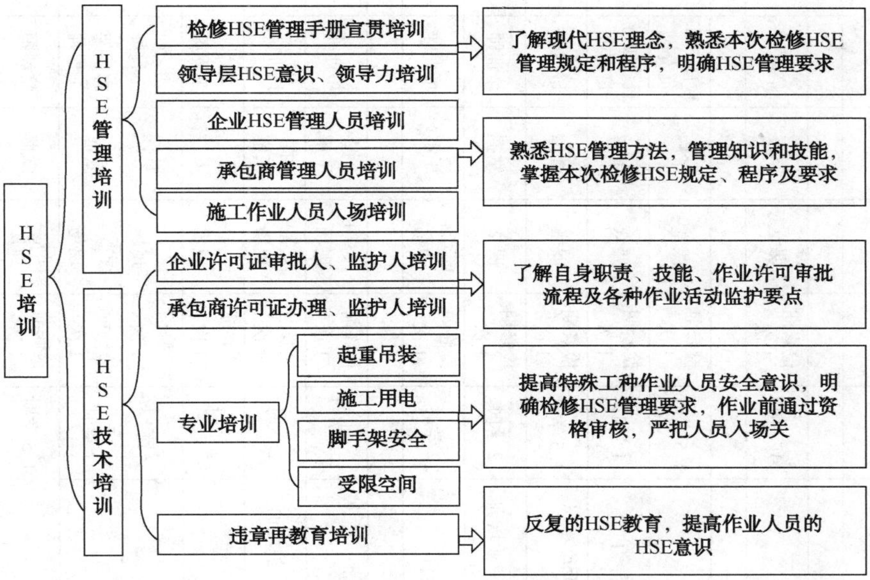

图5-3　HSE专业培训层级

四、培训矩阵表

根据培训对象分层和培训模块功能，结合项目现场实际需求，对HSE培训课程按不同培训对象进行有针对性的匹配和组合，形成与项目每一个岗位相对应的HSE培训矩阵表，从而实现涵盖项目全体员工和所有岗位的HSE培训网络。

表5-1为大检修HSE培训矩阵表示例。

表 5-1　大检修 HSE 培训矩阵表示例

编号	培训内容	培训课时	培训周期	培训方式	培训效果	培训师资	第一层级	第二层级	第三层级	第四层级	第五层级	第六层级	备注
							公司领导	中层管理人员	HSE专职人员	一般人员	特殊作业人员	违章人员	
1	HSE 基础模块												
1.1	HSE 基本知识	1 学时	检修期 1 次	课堂	掌握	培训师	▲	▲	▲	▲	▲	▲	
2	HSE 管理培训模块												
2.1	手册宣贯	1.5 学时	检修前 1 次	课堂	了解	检修 HSE 负责人	△	△	▲	△	△	△	
2.2	领导层 HSE 意识、领导力	1 学时	检修期 1 次	课堂	了解	直线领导培训师	▲	△	×	×	×	×	
2.3	企业 HSE 管理人员 HSE 意识、技能提高	1.5 学时	检修期 1 次	课堂	掌握	培训师	×	△	▲	×	×	×	
2.4	承包商管理人员 HSE 专业培训	2 学时	检修期 1 次	课堂	掌握	培训师	×	×	▲	×	×	×	
2.5	入场 HSE 培训	2 学时	检修前 1 次	课堂+现场	了解	培训师	△	△	△	△	△	△	
3	HSE 技术培训模块												
3.1	生产人员许可证审批、监护培训	1.5 学时	检修前 1 次	课堂+现场	掌握+了解	培训师	×	×	▲	△	×	×	
3.2	承包商许可证办理、监护培训	2 学时	检修前 1 次	课堂+现场	掌握+了解	培训师	×	×	▲	△	×	×	
3.3	起重吊装培训	2 学时	检修前 1 次	课堂+现场	掌握	吊装工程师	×	×	△	×	▲	×	
3.4	施工用电培训	2 学时	检修前 1 次	课堂+现场	掌握	电气工程师	×	×	△	×	▲	×	
3.5	脚手架搭设培训	2 学时	检修前 1 次	课堂+现场	掌握	脚手架工程师	×	×	△	×	▲	×	
3.6	受限空间作业培训	1.5 学时	检修前 1 次	课堂+现场	掌握	培训师	×	×	△	×	▲	×	
3.7	违章再教育	0.5 学时	随时	现场	掌握	现场工程师	×	×	×	×	×	▲	

注：表中“▲”表示掌握，“△”表示了解，“×”表示省略。

培训矩阵表制定步骤如下：

1. 培训需求分析

采用与业主和工程承包商 HSE 专业管理人员座谈的方式，调研现有的 HSE 管理资源及培训工作现状，根据项目团队组成情况，确定人员分层结构，明确培训具体需求，有针对性确定培训方式和内容。

依据现场作业 HSE 风险管理活动的成果，针对识别出的重大 HSE 风险，以及检查所反映出的 HSE 管理薄弱点，确定 HSE 培训重点。对以往发生的各种典型违章问题进行深查细究，找出原因，作为培训重点加强的内容。

确定项目各个阶段培训工作重点，明晰培训管理工作流程及人员职责，落实培训场所、设备等物资准备。详见图 5-4。

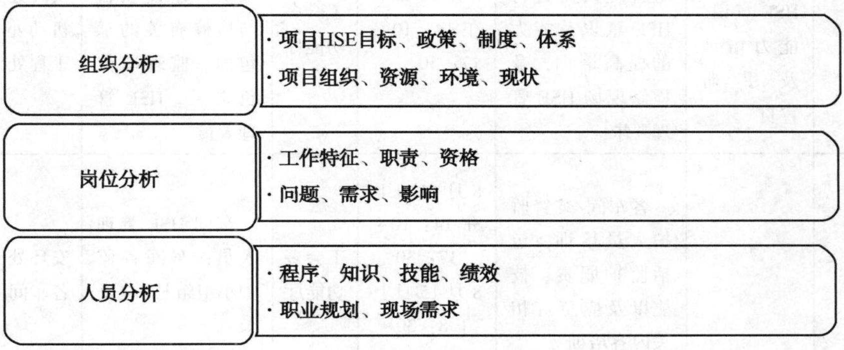

图 5-4 培训需求分析

2. 制定培训计划

按照培训三要素(培训时间、地点、人员)，制定 HSE 培训计划。明确培训工作的组织、职责、程序、方式方法、标准、制度和考核要求，制定相应的资源需求计划，规划培训实施的时间，初步确定相应的师资、课程和地点安排。

要特别注意业主培训与工程承包商培训的协调性和一致性。按照项目 HSE 管理职责，分划现场 HSE 专业培训责任。承包商要按照管理和作业实际需求，制定与业主的要求相一致的 HSE 专业培训计划。同时，要组织员工按照业主要求参加相应的现场 HSE 专业培训，这些内容均要体现在工程承包商的 HSE 培训计划中。

3. 培训课程设计

依据调研情况，结合实际工作经验，依照作业危害识别的结果和施工方案，编制切实可行和满足实际需要的培训教材和课件。特别是要注重利用现有资源，对培训教材进行优化。

4. 编制培训矩阵表

根据“培训需求分析”“培训对象分层”“培训计划”和“培训课程设计”，编制形成培训矩阵表。表 5-2 为某炼化企业检修 HSE 培训计划表。

表 5-2　某炼化企业检修 HSE 培训计划表

序号	培训类别	培训项目	工作内容	培训时间	培训地点	参加单位/人员	组织单位	备注
1	HSE 意识、能力培训	业主管理层 HSE 意识、能力培训及手册宣贯	传播 HSE 文化，提高 HSE 意识；讲解承包商 HSE 管理的现状及对策、HSE 理念、检修项目 HSE 管理要求等	8 月 13 日上午 8：30~12：00 8 月 14 日上午 8：30~12：00	工会多功能厅	生产处、机动处、工程处、安环处、计量处全体人员；其他职能部门负责人；各车间中层领导、技术人员、HSE 管理人员	安环处 各车间	共分为两个批次培训，每批次培训半天
		承包商管理人员 HSE 意识、能力培训及手册宣贯	对承包商检修项目负责人及安全管理人员进行 HSE 意识及能力的提高培训，及检修现场 HSE 管理要求	8 月 14 日下午 14：10~17：30	工会多功能厅	承包商项目负责人、HSE 管理人员；建设项目与检修有关的承包商、监理单位负责人、HSE 管理人员	安环处 机动处 工程处	
2	HSE 专项技能培训	监护人培训	各车间/装置监护人员培训，包括监护职责、技能以及应急灯相关内容培训	8 月 13 日下午 14：10~17：30 8 月 15 日上午 8：30~12：00	工会多功能厅	车间 HSE 管理人员；车间各监护小组组长(或班长)	安环处 各车间	分两个批次培训，请各车间根据生产情况安排
			承包商监护人员培训，培训内容包括监护职责、技能，及各种作业活动监护要点的讲解 讲解受限空间作业的风险及防护措施 应急管理的基本常识	8 月 15 日下午 14：10~17：30	工会多功能厅	承包商监护人员；承包商班组负责人及安全管理人员	安环处 机动处 工程处	
3	HSE 专业培训	特殊工种/特殊作业培训	起重安全培训	8 月 16 日上午 8：30~12：00	工会多功能厅	承包商所有起重工、指挥	安环处 机动处 工程处	
			用电安全培训	8 月 16 日下午 14：10~17：30	工会多功能厅	承包商电工	安环处 机动处 工程处	
			脚手架安全培训	8 月 19 日上午 8：30~12：00	工会多功能厅	承包商架子工	安环处 机动处 工程处	

第三节　HSE 专业培训实施

一、项目全生命周期 HSE 培训

项目全生命周期 HSE 培训是指在工程项目实施的整个生命周期内，根据各个阶段的实际需求，对相应对象进行有针对性的培训活动。

项目全生命周期 HSE 培训分为“项目准备”和“项目实施”两个阶段。

项目准备阶段分为“入场培训”和“专业培训”。

1. 入场培训

此培训是集中对所有进场人员进行入场培训，重点使所有进场人员了解现场基本要求、施工作业存在的主要风险、检修 HSE 基础知识及事故应急救援常识等内容，经培训考试合格后办理入场证，持证进入施工现场。

2. 专业培训

是指组织特殊工种和特种设备操作人员的专业安全技能培训。此培训在项目实施阶段分为“阶段培训”“专题培训”和“定期培训”。

（1）阶段培训：开工初期开展风险管理及作业许可培训；安装阶段开展起重设备、吊装作业培训；拆除阶段开展高空作业、文明施工培训等。

（2）专题培训：发现违章事件或事故发生后，组织对违章行为专题培训，对违章和事故人员进行警示和再培训。

（3）定期培训：每年组织开展员工安全技能培训；结合定期轮训，组织开展 HSE 教育；定期开展 HSE 教育活动等专项活动。

二、承包商 HSE 专业培训

工程承包商是项目 HSE 管理的重点和难点，也是 HSE 专业培训的重中之重，“保证现场作业者实际能力”是承包商现场 HSE 专业培训的着力点和关键所在。因此，现场 HSE 专业培训要特别强调针对性、适用性和灵活性。其中，岗位能力分析和专业课程设计是关键。

1. 承包商人员岗位安全能力评估

在 HSE 专业培训策划阶段，使用承包商岗位安全能力分析法，对承包商的项目负责人、HSE 管理负责人、HSE 专业管理人员和现场作业者四类人员，按照承包商项目管理团队岗位设置和任职标准，进行岗位安全能力评估，形成分析表。目的是结合具体的岗位，分析培训需求，明确人员现状，确定培训内容和重点。详见表 5-3。

2. 承包商培训课程设计

根据岗位安全能力评估的结果，从承包商所承担的具体施工任务出发，有针对性地分别设计培训课程，编制培训大纲。详见表 5-4。

表 5-3　承包商安全管理部门负责人岗位安全能力分析(部分)

序号	综合能力	专项能力				
		1	2	3	4	5
A	贯彻落实法律法规、规章制度	识别、理解安全相关的法律法规、标准	组织、参与编写本单位或项目的安全规章制度	对安全规章制度进行教育和宣贯	实施本单位的安全规章制度	检查并纠正违章违法行为
B	人员管理	制作员工安全培训课件	组织或实施人员的安全培训	建立并执行公正的奖惩制度	—	—
C	设备管理	具备设备、工具的基本知识	辨别常用设备的安全故障或隐患	组织、执行设备的专项安全检查	—	—
D	作业过程管理	熟悉相关作业流程	审查安全技术方案或措施	现场核查作业许可证	定期组织安全检查	—
…	……	……	……	……	……	……

表 5-4　承包商负责人安全培训大纲(部分)

序　号	课　程	培训方式	课程大纲
1	石化企业及工程建设项目安全管理	课堂讲授	①安全生产形势分析; ②HSE 管理理念、政策及核心价值观; ……
2	典型事故案例分析	案例教学	①近年来事故统计; ②典型事故案例分享; ……
3	HSE 管理体系	课堂讲授	①HSE 管理体系发展历程; ②HSE 管理体系适用范围及定义; ……
4	安全领导力	课堂讲授	①安全认知; ②安全领导力; ……
5	石化项目 HSE 管理	课堂讲授	①设备安全管理; ②作业许可证管理; ……
……	……	……	……

三、供给式的现场精准培训方法

1.“送餐式”现场培训

考虑项目时间限制，理解承包商在组织培训工作上的困难，送培训到基层、现场和驻地，降低承包商培训组织工作的难度，增强承包商参与培训的积极性。这种方式可以做到同一时间段内实施多点培训，增加单位时间培训效率，缓解因企业培训场地、时间限制带来的培训压力。

2.“订单式”现场培训

发挥培训模块化的优势，按照企业和承包商的培训要求，有机组合培训模块，为企业及承包商提供定制化 HSE 培训服务。

（1）针对现场管理难点、项目团队实际和现场监管需求，进行特殊管理工作培训。

（2）针对直接作业人员，突出入场培训、技能考核、持证上岗和持卡作业等内容，目的是提高作业人员的业务技能和综合素质。

（3）针对技术人员，突出业务水平、技术管理、技术革新、技术攻关和科技研发的能力。

（4）针对管理人员，突出责任意识、工作作风、职业技能和创新能力等内容，以提升分析解决问题、应对处理复杂矛盾、驾驭复杂局面的能力为重点，培养作风上扎实、自律上严格、业务上精通的各级各类优秀管理人才。

（5）针对基层单位安全培训的薄弱环节和员工基本素质情况，明确项目部、承包商、分包商和劳务合作方以及班组安全培训的必备内容，同时对易于流入形式的日常安全活动的内容、时间和频次做出相应规定。

（6）针对投产试车和装置检修开停工前安全培训、新工艺新技术新装置新产品投产前和施工作业人员的安全培训，根据装置实际和承包商管理要求，有重点地对现场管理、高危作业和交叉作业的内容进行加强。

（7）针对出现重大安全隐患或发生未遂事故和事件，组织有关人员进行现场安全教育，吸取教训，防止类似事故和事件发生。发生事故后按照“四不放过”的原则，对员工进行事故安全教育。

（8）针对“施工人员管理复杂”的风险，一方面以人员实际能力确认为核心，深化入场培训工作；另一方面，结合“扩展的承包商管理”，把主要精力放在监督和检查主承包商对其管理的分包商和劳务合作方的安全培训工作的落实和绩效考核上。承包商组织对本单位人员（特别是分包商和劳务合作方）进行三级安全教育，并建立安全教育档案。

四、培训绩效评估

1. 培训考核

书面开卷考试：适用于普及性 HSE 培训的考核，如针对管理人员培训。

书面闭卷考试：适用于强制性、专业性较强的 HSE 培训，如常规入场培训和特殊工种人员的作业前考核。

计算机联考：将试卷用计算机程序编制好，并放在网络上，管理人员或特殊工种人员可以通过在本地网或通过远程登陆的方式在计算机上答题，这种模式一般适用于管理人员和特殊工种人员。

现场操作：适用于特殊工种，辅以其他考核方式，考验人员现场操作的规范性。

2. 培训评估

通过对每一类培训考试，人员答卷情况的统计分析，尤其是对试卷错题统计，了解学员 HSE 知识、技能的薄弱点，作为下次培训讲解的重点，同时也对学员答题反映出来的普遍性错误，进行全面分析，既考虑到学员自身相关 HSE 知识的不足，也进行自我审查，改进培训方式。

组织参加培训人员和授课教师进行座谈和问卷调查，收集大家对培训的意见，作为下次培训改进的方面，同时对大家反映出来的好的培训课件和培训形式进行推广。

培训效果评估情况见表 5-5。

表 5-5　培训效果评估表

<table>
<tr><td colspan="2">培训课程名称</td><td></td><td colspan="2">培训教师</td><td colspan="3"></td></tr>
<tr><td colspan="2">培训时间</td><td></td><td colspan="2">培训地点</td><td colspan="3"></td></tr>
<tr><td rowspan="13">培训反馈信息</td><td>培训内容</td><td></td><td>非常好</td><td>很好</td><td>好</td><td>一般</td><td>差</td></tr>
<tr><td>1. 课程安排合理程度</td><td></td><td>□5 分</td><td>□4 分</td><td>□3 分</td><td>□2 分</td><td>□1 分</td></tr>
<tr><td>2. 课程内容的深度和理解性</td><td></td><td>□5 分</td><td>□4 分</td><td>□3 分</td><td>□2 分</td><td>□1 分</td></tr>
<tr><td>3. 课程内容对个人发展的帮助程度</td><td></td><td>□5 分</td><td>□4 分</td><td>□3 分</td><td>□2 分</td><td>□1 分</td></tr>
<tr><td>4. 课程内容对于实际工作的帮助程度</td><td></td><td>□5 分</td><td>□4 分</td><td>□3 分</td><td>□2 分</td><td>□1 分</td></tr>
<tr><td>培训师</td><td></td><td>□5 分</td><td>□4 分</td><td>□3 分</td><td>□2 分</td><td>□1 分</td></tr>
<tr><td>1. 培训师的仪容仪表</td><td></td><td>□5 分</td><td>□4 分</td><td>□3 分</td><td>□2 分</td><td>□1 分</td></tr>
<tr><td>2. 培训师上课内容准备程度</td><td></td><td>□5 分</td><td>□4 分</td><td>□3 分</td><td>□2 分</td><td>□1 分</td></tr>
<tr><td>3. 培训师语言表达和讲课态度</td><td></td><td>□5 分</td><td>□4 分</td><td>□3 分</td><td>□2 分</td><td>□1 分</td></tr>
<tr><td>4. 培训师对培训内容的个人见解</td><td></td><td>□5 分</td><td>□4 分</td><td>□3 分</td><td>□2 分</td><td>□1 分</td></tr>
<tr><td>5. 培训师课堂组织能力</td><td></td><td>□5 分</td><td>□4 分</td><td>□3 分</td><td>□2 分</td><td>□1 分</td></tr>
<tr><td>6. 培训方式多样性和培训氛围</td><td></td><td>□5 分</td><td>□4 分</td><td>□3 分</td><td>□2 分</td><td>□1 分</td></tr>
<tr><td>7. 对本次培训课程的总体评价</td><td></td><td>□5 分</td><td>□4 分</td><td>□3 分</td><td>□2 分</td><td>□1 分</td></tr>
<tr><td></td><td colspan="7">整体上，您对这次课程的满意程度是：A 不满　B 普通　C 满意　D 非常满意
您给予这次培训的总评分是(以 10 分计)：</td></tr>
<tr><td rowspan="2">受训人员信息反馈</td><td colspan="7">参加此次培训的收获有(可多选)：
A 获得了适用的新知识
B 理顺了过去工作中的一些模糊概念
C 获得了可以再工作上应用的一些有效的技术活技巧
D 促进客观地观察自己以及自己的工作，帮助对过去的工作进行总结与思考
E 其他(请填写)</td></tr>
<tr><td colspan="7">对今后培训的建议和需求：</td></tr>
</table>

注：请给予您真实的评估意见，以帮助我们对培训课程、形式等进行改进。谢谢您的支持！

第六章　工程承包商管理

工程承包商是现场施工作业活动的行为主体，也是工程建设和检维修项目 HSE 管理的决定性因素。

工程承包商所面临的最大和最紧迫的经营压力就是如何降低“人工成本”。因此，广泛地使用“分包商”和“劳务合作”就成为其必然选择。面对人员来源的多样性，多数承包商缺乏对人员选择和控制的有效措施，加之现场人员变动频繁，很难保证直接作业环节的人员素质和能力。而目前的现场培训又多流于形式，针对性较差，使得作业人员对现场作业风险缺乏了解。特别是，仅靠常规“查验资质证书”和“入场考试”方法，已难以有效保证特种作业人员具备所需的实际能力和工作经验。

随着项目技术含量日益提高，承包工程项目的作业成本不断上升。普遍存在片面压低工程造价、无序竞争和不规范工程招标所引发的“最低价中标”，造成承包工程的利润不断缩小。这就对承包商履约的主观能动性和现场管理投入，带来了严重的负面影响。“转包”“违法分包”“资质挂靠”和“虚假劳务”等现象泛滥，现场管理和直接作业环节管理日益松弛。

项目组织不稳定和人员流动性导致工程承包商中普遍存在“人员技能和经验缺失”和“关键团队成员流失”的现象，这也是产生“责任混乱”“体系和监管缺失”“短期行为”和“管理活动纵向转递的衰减和扭曲”等现象的主要原因。

不合理的工期要求使得保证现场作业进度的压力加大，“时间紧迫”的现实逼迫承包商下意识降低落实安全措施的重要性。特别是在项目后期所谓“后门堵死，倒排工期”的做法，将在设计、采购等前期环节所积累的各种拖延，最终通过压缩施工工期来弥补，使得本已紧张的工期更为紧张。为了抢工期，违章作业比比皆是，安全事故频频发生。

第一节　承包商管理过程

一、什么是“工程承包商”？

工程承包商是指以从事工程项目相关业务为其生产经营活动主体的经济实体。这些经济实体(或称为企业)所从事的业务包括工程咨询、工程勘探、工程设计、工程施工、工程监理、检验检测和工程保修，也包括工程项目配置设备、构件或设施的设计、制造、安装、试验和保修。从合同的角度上来讲，工程承包商一般地被定义为“在雇主接受的投标函中称为承包商的当事人，及其财产所有权的合法继承人”。

工程承包商是工程项目中最重要的项目利益相关者之一，他们是工程承包合同中与业主对应的另一方。工程项目的实体可交付成果是通过工程承包商的智力和体力的劳动而获得的，工程项目的目标也是通过工程承包商与业主的合作来实现的。对于一个具体的项目来说，一旦签订了工程承包合同，项目的成败在很大程度上取决于工程承包商的技术能力、管理水平和实际经验。

二、什么是“工程承包商管理”？

工程承包商管理是指项目团队对工程项目承包商全过程的管理活动。对于“一体化”的项目管理模式来说，它是工程项目“采购管理”和“团队建设与管理”的结合，包含七个管理过程，依次是：管理规划、选择承包商、组建项目团队、承包商管理、建设项目团队和承包商评价。其中，承包商管理和建设项目团队两个管理过程是同步进行的。承包商评价管理过程和包含合同收尾的内容。见图 6-1。

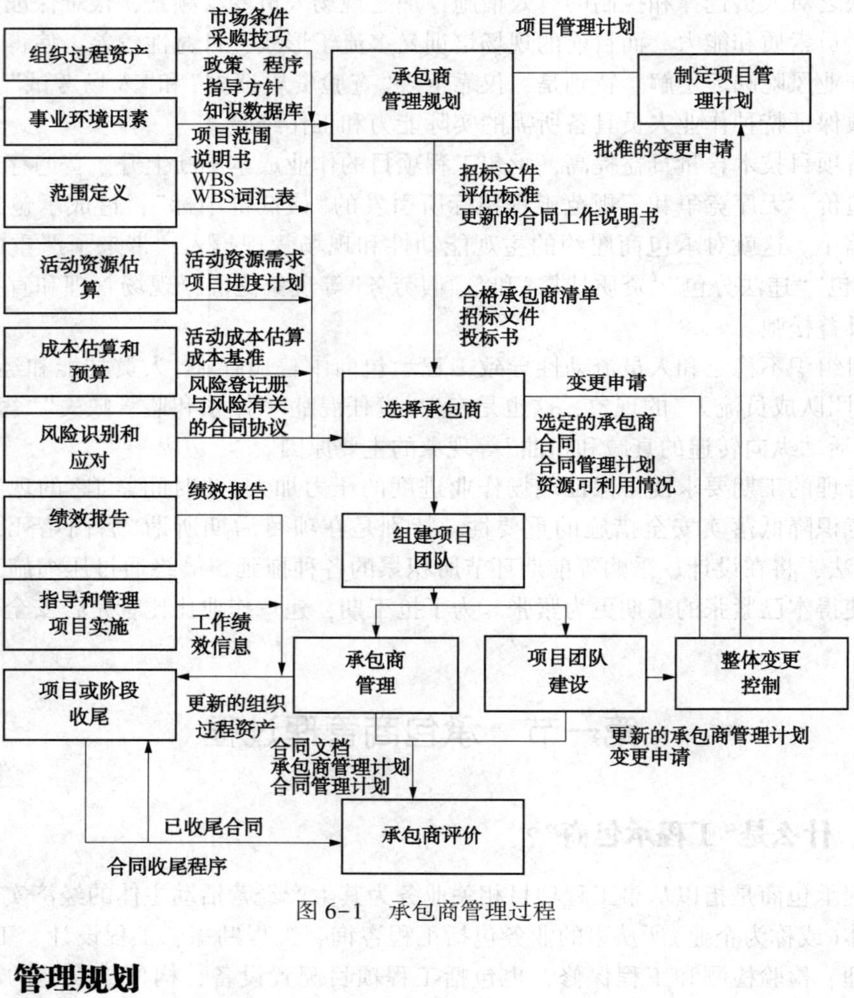

图 6-1　承包商管理过程

三、管理规划

包括确定获得实施工程项目所需承包商的来源、方式、数量和时间。同时，确定承包商管理的组织、职责、程序、标准和制度，结合项目人力资源管理和团队管理工作，规划承包商的现场培训、管理和绩效考核。见图 6-2。

这个过程的可交付成果是承包商管理计划。承包商管理计划是指对承包商管理全过程和各项工作的全面安排和规划。它是项目管理计划的一个组成部分，是承包商管理的指导性文件。其内容主要包括：

(1) 承包商管理的模式、组织设置、责任、程序、标准和考核评价办法。

(2)工程项目的招标分划、招标工作安排、承包商选择标准、合同谈判条件和承包商入场时间安排。

(3) 承包商管理风险(含 HSE 风险)识别、评价、应对和监控措施。

(4) 承包商管理的资源需求、管理环境的条件设置和项目干系人管理原则。

(5) 承包商在“一体化”项目团队的岗位和职责：职位设置、职位名称、职权、职责和任职条件。

(6) 承包商现场培训计划。

(7) 承包商绩效考核办法：制定考核制度和确定考核时间节点。

(8) 承包商现场 HES 管理办法。

(9) 相关法律法规和制度规定要求。

承包商管理计划实质上是从项目整体管理的角度，对承包商管理涉及的准入前培训、体系文件编制、过程控制、检查审核和评价等方面的综合性全过程管理活动进行策划，设定管理标准和与其相适应的控制方法，给出工程建设(检修)项目建设期全过程承包商安全管理整体解决方案。

目前，在工程建设和检维修项目管理中，普遍地未对工程承包商管理计划给予应有的重视，对工程承包商的各种管理规定或制度不规范、不统一，这是造成承包商管理比较散乱的原因之一。

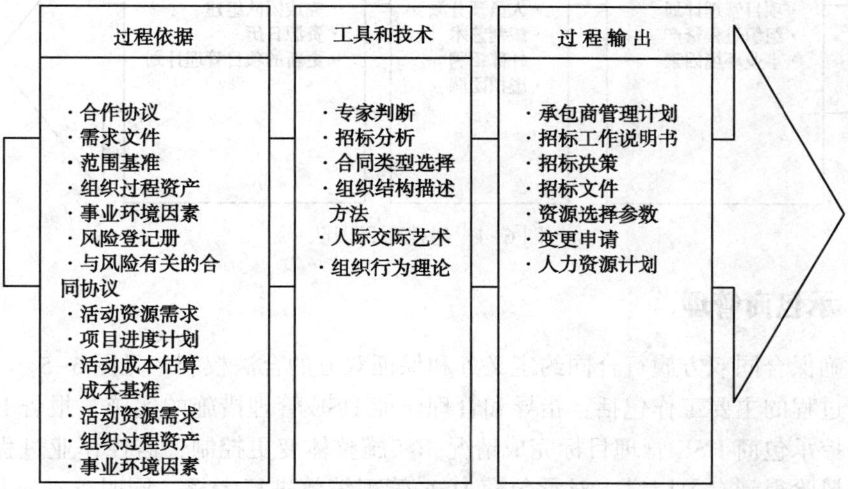

图 6-2 管理规划

四、选择承包商

包括获得投标响应、选择承包商和订立工程承包合同。见图 6-3。

这个过程的可交付成果是工程承包合同。在选择过程中，核心是确定能够满足项目要求的作业标准和达到这个标准应当具有的现场状态；形式是评价具体的承包商 HSE 风险管理；方法是根据获得的相关信息，识别相关风险，有针对性地制定相应的应对措施，变传统的“事后补救”为“事前应对”。

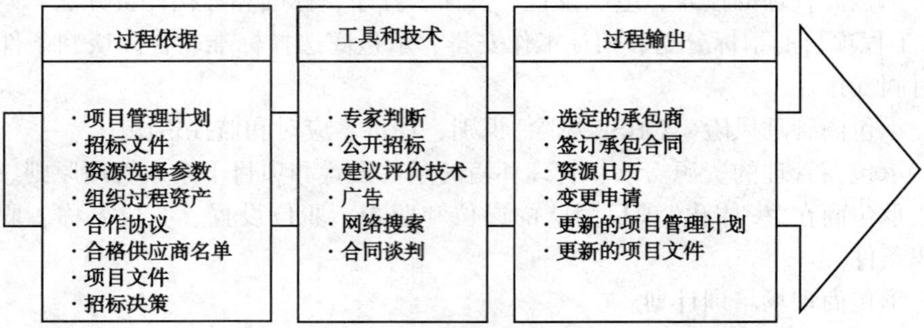

图 6-3　选择承包商

五、组建项目团队

包括从“利益共同体”和“管理共同体”的管理理念出发，组建“一体化项目管理团队”和相应的现场“一体化”管理组织网络。确定承包商团队成员和业主方参与承包商管理活动的派出人员，赋予相应的项目管理工作责任，并在承包合同的基础，确定与项目整体工作绩效相关联的考核机制。见图 6-4。

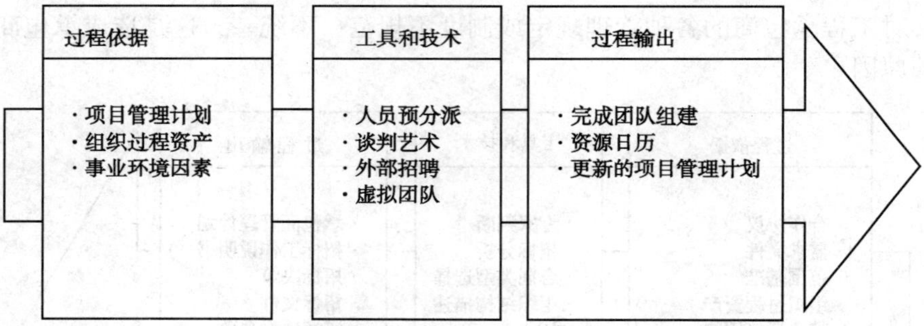

图 6-4　组建项目团队

六、承包商管理

包括确保合同双方履行合同约定义务和保证双方的合法权利。见图 6-5。

这个过程的主要工作包括：指导和管理作业 HSE 管理措施的实施，报告 HSE 管理绩效，监控承包商 HSE 管理目标完成情况，实施整体变更控制，监控作业过程 HSE 风险，确保风险得到有效应对，对承包商 HSE 管理绩效进行考核。同时，动态地监控和评价“一体化项目团队”承包商方成员的工作绩效，协调解决冲突，适时提供反馈意见和变更请求。

这个过程的目的是提高项目团队的工作绩效，注重的是制度化管理，主要成果是评价团队的绩效。

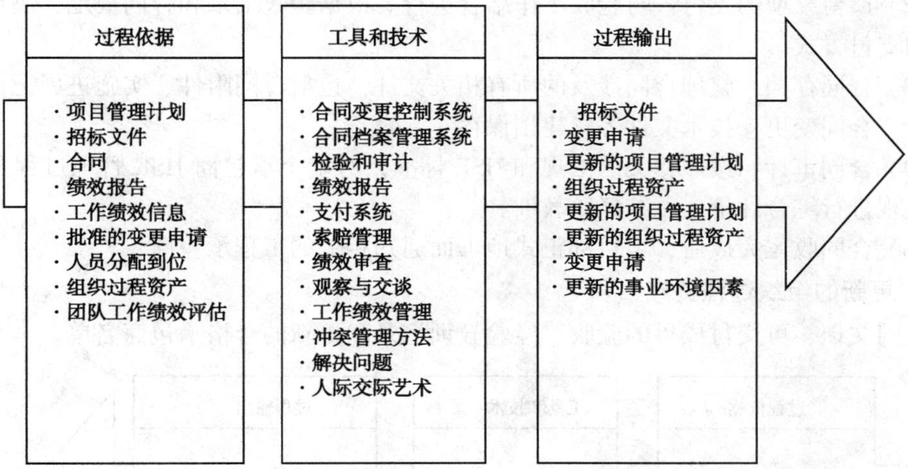

图 6-5　承包商管理

七、项目团队建设

在“一体化项目团队”的组织和现场 HSE 管理网络中，通过开展团队建设活动，提高团队成员工作技能、相互之间的信任感、团队凝聚力和团队工作绩效。这个过程的目的是通过建立和维持“合作”和“高效”的团队共同价值观和文化氛围，提高和保持团队 HSE 管理工作绩效。它是与“承包商管理”过程同步进行的。见图 6-6。

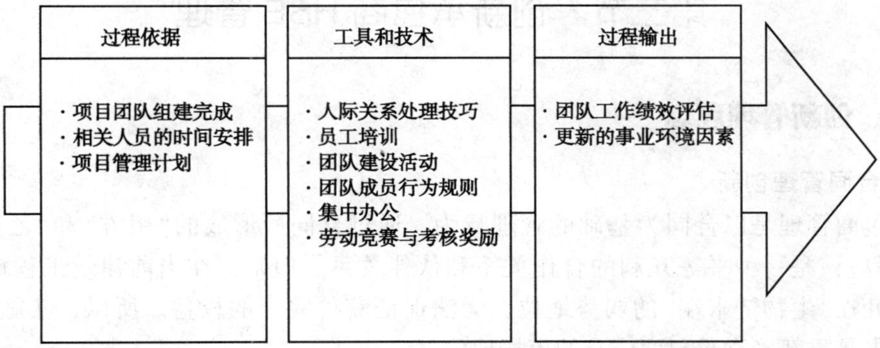

图 6-6　项目团队建设

八、承包商评价

验证和交付合同要求的 HSE 管理可交付成果，整理和归档合同中 HSE 管理相应条款的执行情况记录和 HSE 管理目标的资料，考核与评价承包商 HSE 管理工作，更新合格承包商资源库。见图 6-7。

这个过程的可交付成果包括：

1. 合同收尾

（1）可交付成果的验收与交付：按照合同规定的标准、程序和内容进行，形成验收交接文件。

（2）遗留款项的支付：与验收工作结合进行。根据验收结果和合同规定，决定遗留款项的支付方式。

（3）合同存档：整理合同涉及的所有相关文件，包括合同附件、实施进展记录、验收记录、合同变更、技术文件等，建档保存。

（4）合同审计：按照相关的法规和 HSE 标准，对整个承包商 HSE 管理过程和 HSE 行为表现进行综合评价，总结经验教训。

（5）合同收尾完成后，项目部正式地书面通知相关的工程承包商。

2. 更新的组织过程资产

合同文档、可交付成果的验收、经验教训记录和更新的合格承包商名单。

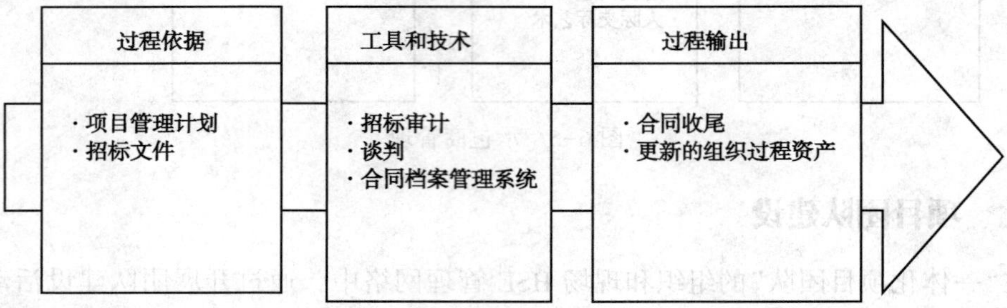

图 6-7　承包商评价

第二节　创新承包商 HSE 管理

一、创新管理理念

1. 合同管理创新

承包商管理是以合同为基础的管理行为，通过合同所形成的“甲方”和“乙方”“契约”关系应该是一种平等互利的合作关系和伙伴关系。但是，在当前建筑工程市场中，承包商处在“生物链末端”的弱势地位，无法保证获得完全的权益。所以，实施承包商管理首先是重新确立承包商应有的市场地位。

合理和充分的承包合同价格是对工程项目有益且必须的投入，也是获得合格工程承包商和保证工程承包商切实履行合同义务的基础条件，这是工程承包商管理的经济基础。过分地考虑“最低价投标报价”和预先设定“降点”指标，往往无法保证工程承包商获得完成项目应有的利润空间。这样做，一方面实际上无形中降低了有意承揽工程项目的承包商资格“门槛”，无法保证获得高素质的工程承包商参与投标；另一方面，实质上是业主“鼓励”工程承包商在工程实施过程中采取“违约”行为。

2. 施工资源使用的创新

合理的工程分包和劳务合作是工程承包商的合法权利和正常经营手段。这种做法符合社会化大生产“分工细化”的趋势，可以弥补工程承包商自身资源不足和能力缺陷，有利于工程承包商规避和转移项目风险。它是工程承包商应对管理层和作业层分离所形成的自有劳务队伍剥离，工程项目总包管理的广泛应用和大合同、低造价、短工期造成投入不合理且集中局面的必由之路。作为工程项目的管理者，正确的做法应该是积极探索更有效地实施工程承包商管理的新体制和新方法，而不是简单地设置"分包或劳务许可界限"。这是工程承包商管理的观念基础。

3. 管理幅度和力度创新

现场管理实践表明，固守着传统"合同管理"模式，拘泥于"甲乙方"的"管理者与被管理者"关系，已经无法满足当前工程承包商 HSE 管理需要，无法保证作业现场 HSE 管理标准。涉及 HSE 管理的许多方面均要求超出合同范围和传统的限定，来定义承包商的管理地位和管理责任；均要求从项目团队整体的角度扩展管理活动。因此，创新管理理念和创新管理方法就成为必然趋势，"打破合同规定的管理范围"和"跨越甲乙方的管理界限"就成为必然的选择。

HSE 管理是一个系统工程，HSE 管理目标是项目管理目标的一个重要组成部分，实施 HSE 管理需要项目团队各个岗位、各个专业和各级组织的团队合作才能达成目标。作为项目 HSE 管理一个方面的承包商 HSE 管理不仅仅是 HSE 管理人员的事，也是项目团队共同的责任，共同的任务。这也是"全员管理"的含义所在，也应该按照"属地管理""业务管理"和"专业管理"的原则实施。

4. 管理组织创新

通过建立"利益共同体"和"责任共同体"，从组织层面将传统合同维系的"甲乙方"买卖关系，转化为在合同基础上的，合作共赢，为实现项目目标和利益相关方的要求和期望为目的的团队关系，从行为层面落实项目管理的"团队观念"和合同双方的"平等"与"共赢"理念。在日常管理行为中，切实避免"违反管理程序"的行为，减少或消除"强制行为"，主动营造合作的项目管理氛围。

二、创新管理行为

1. 管理的方法论

人的不安全行为(错误行为)产生根源是直接作业者的能力不能满足现场安全作业的需求。针对当前承包商中普遍暴露的"人员构成复杂"和"管理机制弱化"的突出问题，"获得合格的承包商"和"保持在项目实施过程中直接作业环节员工的合格性"是承包商管理的核心和关键。当前，一切工程承包商管理活动都应该围绕着发现、纠正和控制承包商管理能力和作业能力缺陷而展开。见图 6-8。

工程承包商管理的方法论应该是，围绕"保证直接作业者实际能力"和"落实现场 HSE 管理责任"两个主线，从"提高承包商 HSE 管理的主动性"入手，在完善现有管理程序和方法的基础上，将管理的重点集中在"现场作业过程控制"上，将管理的着力点落在"现场直接作业环节"上。按照项目 HSE 管理的责任分工，把好承包商的"入口""过程"和"考核"三道关口。同时，将项目管理方法与 HSE 管理体系相结合，形成业主和承包商"责任共担，利益与共，共同成长"的"一体化"项目 HSE 管理团队。

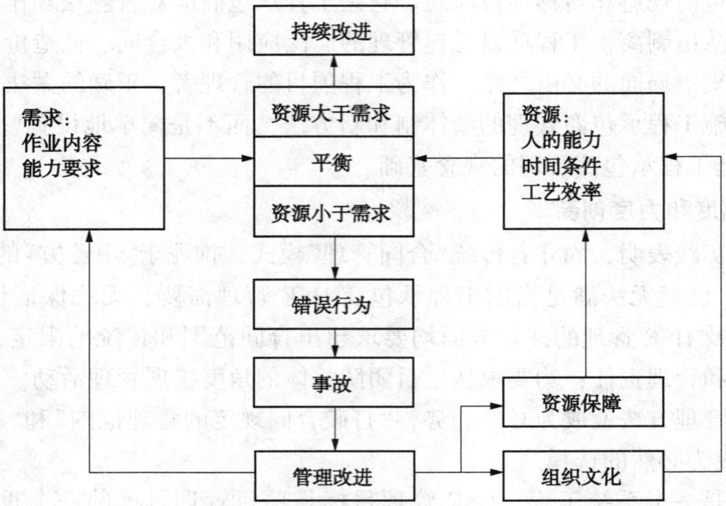

图 6-8　以能力为核心的承包商管理活动

2. 两个共同体和三个延伸

从承包商最关心的“利益”和“责任”出发，从项目团队的组织层面上落实建立“利益共同体”和“管理共同体”的管理理念。通过“一体化项目管理团队”的组织形式，实现“管理体系”“管理责任”和“管理活动”的纵向和横向延伸。见表 6-1。

表 6-1　创新承包商管理

三个延伸	实践做法	工作目的
体系延伸有架构	1. 通过“一体化的项目管理团队”，使承包商直接参与项目的整体管理工作； 2. 业主派员参与承包商的管理活动，现场协调处理日常问题	变传统的合同关系为团队协作关系
责任延伸有考核	1. 在承包合同的基础上，确定与项目绩效相关联的考核机制，统一纳入项目整体考核体系； 2. 将承包商管理责任分解落实到“一体化的项目管理团队”的相应成员	变传统的独立的考核体系为共同负责的责任体系
活动延伸有组织	1. 利用“一体化的项目管理团队”“工程承包商项目部”和“现场作业班组”的组织网络； 2. 各方和各级管理人员直接参与相关层级的管理活动	变传统的直线指挥形式为现场直接沟通的协作方式

（1）体系延伸有架构：通过“一体化项目管理团队”，承包商以团队成员的身份直接参与项目的整体管理工作。同时，业主方派员参与工程承包商的项目 HSE 管理活动，现场协调处理日常的“HSE 管理”“分包商管理”等问题。变传统的“业主指挥，承包商执行”的直线关系为“同一团队成员间的协作”关系。

实践中，承包商进入项目管理团队以后，在明确其项目团队人员身份的基础上，一是发挥其专业施工技术的专长和现场施工作业的经验，补充项目管理团队的相应不足；二是采用“换位管理”和“区域隔离”的形式，回避“自己人管自己人”的嫌疑，保障其开展管理活动的合法性和公平性。

对于业主派驻承包商的管理人员，其主要应集中监督检查承包商的“进度确认和相应款项支付监督”“HSE管理人员上岗和履职情况”和“HSE管理体系的运行”三个方面，不干涉承包商的正常管理活动。

（2）责任延伸有考核：赋予承包商相应的整体项目管理工作责任，在承包合同的基础上，确定与项目整体HSE管理绩效相关联的考核机制。同时，将承包商管理责任分解落实到“一体化项目管理团队”的相应成员，统一纳入工程项目整体考核体系。从行为层面上确定适合项目特点的承包商技术能力、管理能力、工作经验和员工素质的评价基准，明确“项目团队的员工素质”和“分包商的能力要求”。通过设定阶段性的HSE绩效评价基准和与其相适应的控制方法，变传统的定时考核为动态评价，变传统的“河水不犯井水”的独立考核体系为“相濡以沫，荣辱与共”的共同负责体系。

实践中，承包商进入项目管理团队后，在赋予其项目团队人员身份的同时，就明确了相应的责任。相应责任范围和时间内，承包商管理的绩效考核结果将与其直接相关，并一并纳入对其所属单位的项目管理绩效考核奖惩。

（3）活动延伸有组织：利用“一体化项目管理团队”“承包商项目部”和“现场作业班组”的组织网络，各单位的各级HSE管理人员直接参与上一层级和下一层级的相应管理活动，变传统“逐级传达”的指挥形式为“面对面交流”的沟通方式。

实践中，关键是尽量模糊“所属单位”的身份意识和行为习惯。一是现场各种HSE管理活动要按照“一体化”的标准要求，统一策划，统一组织，统一实施，统一考核；二是按“区域”划分，对活动进行整体监督、控制、考核和讲评，按单位记录考核结果；三是，无论承包商进入项目管理团队的人员或是业主派驻承包商的人员，均是代表项目团队实施相应的管理活动，向项目经理负责。

3. 共同成长

从承包商最关心的“公平性”出发，通过整合业主、项目管理方和承包商的HSE资源和管理力量，组建专业齐全优势互补的“一体化承包商管理团队，形成业主和承包商“责任共担，利益与共，共同成长”管理氛围。

（1）确立“共同成长”的项目管理团队建设原则，围绕“保持和提高直接作业环节能力”这个核心，“发现问题-查找原因-共同解决-总结提高”为主要管理形式，以“现场培训”为主要管理手段，有机融合和充分利用各种现场管理形式和方法，推行各项HSE活动“集体参与”和“共同讨论”的方法，形成“学习型”现场项目团队。

（2）强调承包商在项目管理团队中的“施工技术专家”地位。利用各项HSE活动“集体参与”“共同讨论”和“现场培训”的场合和机会，切实尊重和充分发挥承包商的专业技术知识和现场施工经验。

（3）第三方HSE专业监管项目团队，协助制定统一的工程承包商管理标准和制度，对承包商HSE管理工作及现场作业活动进行管理和指导。

第三节　承包商HSE管理标准“一体化”

承包商HSE管理包括“业主”“项目管理层”和“承包商自身”三个层级，涉及项目管理团队甚至政府行政主管部门的各个方面。而且，具体的管理活动体现为不同管理者的个人行为。实践中，最让承包商感到困惑和无奈的就是管理者现场管理行为的“不统一”和“不一致”，即管理的“公平性”。因此，承包商 HSE 管理首先需要解决的问题就是明确承包商、分包商和劳务合作方 HSE 管理的统一管理行为标准，即从“管理活动”和“作业活动”两个领域，规范“人员行为”和“现场条件”两个方面，形成“一体化”的工程承包商管理制度和标准体系。

1. 现场 HSE 管理体系“一体化”

现场 HSE 管理体系“一体化”是指承包商、分包商和劳务合作方安全管理体系与项目 HSE 管理体系融合，承包商、分包商和劳务合作方的 HSE 作业标准、管理标准和技术标准与项目 HSE 管理标准和制度融合。

2. 现场 HSE 管理活动“一体化”

现场 HSE 管理活动“一体化”是指承包商、分包商和劳务合作方按照项目统一的标准进行作业人员管理、作业班组管理和建设，进行现场安全培训和安全技术交底，进行现场 HSE 监督检查、事故处理和 HSE 管理绩效考核。

3. 现场直接作业环节 HSE 管理“一体化”

现场直接作业环节 HSE 管理“一体化”是对现场直接作业者，无论是他(她)隶属于哪个单位，均实施一样监督管理、执行一样的安全标准、一样的落实安全责任、一样的安全考核、一样的追究事故责任。

第四节　承包商 HSE 管理“三关控制”

承包商 HSE 管理“三关控制”是指通过监控承包商的“准入”“过程”和“考核”三个关口，分阶段、全过程具体实施 HSE 管控活动。见图 6-9。

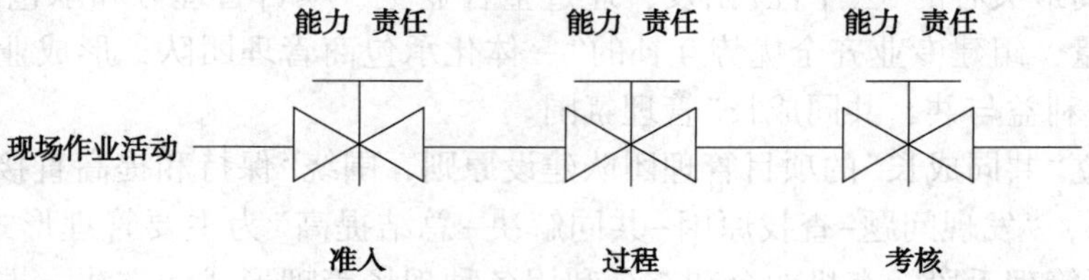

图 6-9　三关控制

一、准入关

承包商管理“准入关”就是选择合格的承包商。工作核心是尽可能早的深入了解参与投标的承包商具体情况，为在后续阶段中有针对性地实施 HSE 管理打下基础和建立基准；行为表现是工程项目招标、评标和承包合同谈判与签订活动；基本方法是“人”和“物”的“实名制”。

这个关口奠定了工程项目承包商管理的基础，也在很大的程度上决定了项目的成败。

针对当前承包商中普遍存在的“实际技术能力和管理经验严重下滑”及“不具备相应素质的队伍违规挂靠”现象，采取以下措施：

① 通过具体措施加强承包商相关工程经历和 HSE 业绩的考察。对于在用承包商，着重观察 HSE 管理实际状态和 HSE 行为表现，同时，广泛了解其在其他项目上 HSE 表现的变化。对于新接触的承包商，结合了解历史纪录，对照观察企业实际状态与证照资质的符合性。重点选择具有以往合作经历的企业。

② 要将企业资质审查和实际能力考察指标具体化。企业资质审查要“人对人”的“实名”对应，关键装备核对要“物对物”的“实物”对应，逐一落实。实际能力考察要对以往的工程实例，“人对人”和“事对人”，逐一核对。

针对某些工程承包商往往无法保证项目团队实际投入人员与约定人员一致性的现象，如果了解投标承包商的话，应指定其项目团队的安全总监和 HSE 管理关键人选，特别是项目经理的选择，并要求将相应人选作为投标条件。如果不甚了解的话，事先应采取适当的方式对标书确定的相关人员进行必要的“面试”，同时，要求必须由标书确定的项目经理唱标。在合同中特别申明，拒绝承包商随意更换关键岗位人员，业主保留要求撤换相应人员的权利。

针对现场暴露日益严重的“无序分包”和“无序劳务合作”现象，在严格遵守工程项目分包原则的前提下，坚持承包商的分包计划必须经业主批准。同时，要按照分包工程对能力的要求，参加承包商对其分包商的考察和选择，特别是对于没有过往合作经验的队伍。对于承包商的“劳务合作”人员，首先应在合同中注明工程项目要求的人员能力标准，同时，要按照相关法律法规要求，追溯来源的合法合规性，逐一核对培训和 HSE 业绩过程记录，并组织对 HSE 管理人员、特种作业人员等重点人员和关键岗位进行全面考核。

针对承包商选择过程中出现的“外部干扰多”和“具体决策责任不清”现象，特别强调尽可能早地确定项目经理和 HSE 管理责任人员，尽可能早地让项目团队参加工作。在“一体化项目管理团队”中，建立全过程的承包商管理责任体系，明确承包商考察、评价、决策、管理和考核的直接责任人。按照承包商的实际 HSE 绩效，对相应责任者实施工作考核。

在合同谈判过程中，按照“合理定费，评优让利”的原则，在保证项目投资控制目标的前提下，确定让承包商可以以优良的 HSE 管理业绩和 HSE 管理成果实现 HSE 目标的合理合同价格。

二、过程关

承包商管理“过程关”就是项目实施过程中的日常承包商管理活动，这是承包商管理中最重要、最关键和最复杂的阶段。工作核心是“保证承包商的现场作业能力合格”“监督和维护现场 HSE 管理体系运行”和“控制直接作业环节的行为”；工作目的是为了与承包商一起，通过实际行动，贯彻“团队”和“共赢”的观念，用良好的 HSE 业绩实现项目 HSE 管理目标；基本方法是“能力”“行为”与“人”的“实名制”。

1. 管理资源控制

针对“承包商现场资源投入不足”现象，在项目实施全过程中，重点监控承包商的生产要素组织。首先，要在“一体化项目管理团队”框架内，直接参与承包商相关方案的制定和主要技术岗位实际能力考核；再者，指导承包商根据项目管理计划对 HSE 资源做出科学合理、及时和满足需要的安排和投入，确保建立HSE管理组织机构及配备满足现场需求的HSE管理人员，保证足够资金用于建立、维护、改善施工作业条件，以及安全环境条件。在项目实施的整个过程中，及时准确地掌握承包商的HSE管理资源使用情况。在承包合同中明确工程项目支付的HSE款项要"专款专用"，特别要跟踪监督工程承包商按照当地的相关法规，办理相应行政手续。

2. 现场过程控制

承包商现场HSE管理活动过程控制就是具体实施承包商HSE管理计划。工作核心是在计划的实施过程中，识别新出现的HSE风险并加以管理；工作内容是通过实际的现场HSE管理活动，验证承包商的实际资质和能力与HSE管理计划的符合性；工作目的是通过现场不断优化的HSE管理活动，提升承包商HSE管理能力和HSE管理业绩。

针对目前现场暴露的"人员实际能力与项目要求不符"和"直接作业层监管缺失"现象，着力推行"体系延伸""责任到人""能力确认"和"现场监管"的系统性管理方法。

（1）体系延伸

在"一体化项目管理团队"组织架构内，落实建立"利益共同体"和"管理共同体"目标，将两级HSE管理体系在纵向和横向上同步延伸；即"一体化项目管理团队"的HSE管理体系延伸至承包商，承包商的HSE管理体系延伸至分包商。

现场管理实践中，"体系延伸"包括"HSE体系建立"和"HSE体系运行"两项活动。具体做法是在HSE管理责任制的基础上，不同层级的相应岗位人员，按照统一的工作标准，在同一个管理体系内分工运行。

"体系延伸"建立了承包商HSE管理的组织基础。

（2）责任到人

按照HSE管理计划，依托项目HSE管理体系，将HSE管理责任分解到具体岗位，落实到具体员工，并通过员工具体的现场管理活动保证相应责任的履行。

现场管理实践中，"责任到人"包括"岗位责任设置""人员与责任匹配"和"责任履行监控"三项活动。具体的做法是在现场作业过程中，通过实时的监控或检查来保证"项目文件确定的HSE责任人员与现场实际负责人员的一致性"以及"现场HSE责任人员实际管理活动与岗位责任要求的一致性"，简单的说就是时时确定"人到位"和"人管事"。

"责任到人"确定了承包商管理的工作重心。

（3）能力确认

在HSE管理体系框架内，通过一体化项目团队建设和管理活动，指导和监督项目团队和岗位员工具备并保持履行岗位HSE责任所必需的能力。目的是保证证书登记人员与现场实际工作人员一致以及项目要求的人员能力与现场作业人员实际能力一致。"能力确认"是承包商管理的工作实质。

现场管理实践中，"能力确认"包括"现场准入""现场培训"和"现场考查"三项活动。

"现场准入"活动主要是在"实名制"的框架内，确认"作业人员持证上岗""作业地点具备必要安全条件"和"HSE管理与技术保证措施到位"。各级HSE管理人员和作业人员按照管理责任分工进行相关监督检查。

“现场培训”的关键是在“实名制”原则下，实现培训内容的针对性和培训形式的适应性。具体的做法是“六个结合”：业主培训与承包商培训相结合、入场教育内容与工程项目具体情况相结合、承包商自身培训与实施方案和具体实施工艺相结合、现场专题培训与现场 HSE 风险管理相结合、作业班组的班前培训与当日作业相结合、现场培训的形式与日常 HSE 管理活动相结合。特别要强调的是所有的培训活动均应当留存完整的活动记录。

“现场考查”就是在“实名制”的基础上，通过日常的现场观察，判断和控制现场作业人员的实际能力与作业要求的符合性。具体的做法是：定期或随机审查现场工作人员的相关资格证书，观察和评价工作人员的实际工作行为与实际工作质量，监督和检查现场工作记录。如发现异常现象，应对相关人员进行现场能力测试。通过事故调查和处理，确定承包商和现场工作人员的实际能力。

（4）现场监管

依靠现场 HSE 管理体系，通过日常的现场 HSE 管理活动，监督和控制承包商 HSE 管理体系的有效运行。目的是在项目实施的全过程中，保证直接作业活动处于受控状态。这项工作实际上就是通过具体的项目实施和管理活动，具体落实“体系延伸”“责任到人”和“能力确认”，具体实现“管理策划”和“选择承包商”时确定的目标。这个阶段也是具体落实“共同成长”的一体化项目团队建设方针的具体实践。“发现问题—查找原因—共同解决—总结提高”是承包商管理现场监管的基本程序，“现场培训”是承包商管理现场监管的基本方法。

“现场监管”的具体做法是：确定和落实现场监管责任的分级，特种作业和特殊时期的现场作业监护，通过“定期检查”“上级部门检查”和“创优活动”等形式促进现场管理进步，对照标准判断实际作业行为与现场 HSE 状态的符合性，利用监管信息及时更新管理计划和基准，建立和维护“HSE 管理活动记录”，保证问题的可追溯性等。

需要特别说明的是，按照“属地管理”“业务管理”和“专业管理”的 HSE 管理原则，业主对承包商现场 HSE 管理的责任是义不容辞的。但是，具体的现场监督和控制却要按照项目 HSE 管理责任体系，从“管理策划”阶段开始，与各个承包商明确管理分工，结合现场 HSE 管理体系的运行具体实施。

三、考核关

承包商管理“考核关”就是对承包商 HSE 管理绩效的考核与评价。工作核心是通过 HSE 管理“PDCA”循环，改进现场 HSE 工作，促进一体化项目管理团队建设；工作目的是与承包商一起，共同建立和发展以合同为基础的合作共赢的团队关系；基本方法是“团队”与“绩效”的“实名制”。

建立承包商 HSE 管理绩效考核与评价体系，统一纳入项目绩效考核体系。考核与评价结果作为承包商准入备案和资源名单排序依据，按年度公开讲评。

定期开展承包商 HSE 管理体系运行情况审核。可以采取第三方审核的方式，对承包商的 HSE 管理体系进行审核，了解承包商的自主管理能力和体系运行效果，促进承包商 HSE 管理水平的持续提升。

根据项目进程，对承包商 HSE 管理情况进行定期检查和讲评，定期（短期为佳）公开讲评各个工程承包商的工作绩效。通过周检，每周对承包商合同履行情况进行检查考核；通过月评，每月对承包商进行评价考核；通过年表彰，每年对优秀承包商进行表彰。结合定期检查和讲评，对承包商的优良表现给与适当的、直接的和及时的奖励。在日常的 HSE 管理人员巡检过程中，以“现场随机检查、奖励优秀”的方法即时奖励 HSE 表现良好的施工作业人员奖金或奖品。同时，根据 HSE 行为表现和 HSE 检查结果，以及 HSE 事故和事件、违章和整改记录等对照标准对承包商阶段 HSE 表现进行评价，奖优罚劣，不合格承包商从合格承包商名录清除。项目结束时，组织全体承包商参加公开讲评。特别是要讲评 HSE 管理团队的关键人员，当场奖优罚劣，并宣布评价结果记入资源市场档案。确定“HSE 管理”一票否决的评价原则。但业主要对可能出现的“被迫中途更换承包商”的情况有备案，有应急准备。

结合“争先创优”“优质工程”和“金牌项目”等活动，针对项目的具体情况，设立专项奖或开展专项竞赛活动。目的是通过过程中的激励，保持工程承包商的现场工作热情。

第七章　现场作业活动监管

总结多年的现场管理实践的基础上，融合和吸收相关的成功经验，提出现场作业活动监管的“四原则”，制定现场作业活动的十项定置化管理标准，明确现场作业活动监管的“五要素”内容，建立由“网格化安全管理”的组织架构、“专业保护层”的技术架构和“高危作业动态控制技术”的活动架构组成的“四维”现场立体监管体系。通过“一体化检查”的方式方法，对现场作业涉及的“人员”“设备”和“活动”实施全过程和全面的监管。

第一节　现场作业监管标准

一、现场作业监管原则

1. 确立现场监管的目的

一切现场 HSE 监管活动的唯一目的就是“保证现场作业活动安全可靠地实施”。

2. 确立现场监管行为的准则

解决现场作业监管“怎么管才合理、公平、有效？”的问题，从而保证现场监管行为的“可行性”和“公信度”。

标准的一致性：监管范围、地点、项目、内容、时间、管理文件的有效期、管理文件的签认者和相应直接作业者的一致性。

监管行为的正确性：检测、确认和批准数据的正确性，监管活动实施的合规性。

监管工作的程序性：监管活动实施程序的合规性。

监管工作的不妥协性：所有作业活动必须得到监管，所有隐患、问题和违章行为必须记录和报告，所有问题都必须得到整改，所有违章行为必须得到处罚和再教育，违反禁令和零容忍政策的人员清退出场。

3. 确立现场监管方式、力度和规模的指导原则

承认、尊重并在恪守合同约定的基础上，保证项目干系人获得合法合理的利益。通过综合性的经济手段，促使项目干系人在保证必要充足安全投入的同时，以必要的现场自我管理行为追求项目整体 HSE 管理目标的实现。通过现场监管的干预打破项目干系人之间的在市场竞争环境中，自然形成的以单纯追求自身利益最大化为目标的“纳什均衡”，形成项目管理者加强监管和项目干系人自主强化现场 HSE 管理之间的“纳什均衡”。这是项目干系人自觉接受和服从现场监管的基础。

4. 确立“风险优先”的现场监管方式

在保证实现“安全地开展作业活动”这个现场监管总目标的前提下，按照现场 HSE

风险“分层管理”和现场作业“分级管理”的方式方法，在对现场各个单位、不同区域和各种作业进行风险评价和分级分类的基础上，根据“分离均衡模型”原理，针对不同的项目干系人、不同的作业以及不同的现场实际，采取差别化的分级监管行为，通过针对不同对象的“适当”管理和控制活动，鼓励和支持行为优良的项目干系人持续提升现场HSE 管理绩效，促进行为和状态落后的项目干系人加强现场监管力度，从而避免“鞭打快牛”的“逆向筛选”现象。这是形成良好现场 HSE 监管氛围的关键。

对于高危作业、高风险区域、现场管理状况与作业行为表现较差的高风险单位实施高强度监管、全过程跟踪检查，使其处于绝对管控范围内。对于中间级别的则针对重点环节和部位进行有针对性的督查，正常状况时以责任部门监管为主。对于风险度较低的则依靠现场 HSE 管理组织，以项目干系人自主管理、自我约束和自我提升为主，辅以正常地监管。同时，要注意将风险评价动态化和常态化，按照“PDCA”循环，根据现场监管实践中不断调整以真实反映现场实际情况。

5. 确立以“指导安全资源有效配置”为现场监管行为导向

在“发现问题是天职，解决问题是水平”的现场监管行为标准指导下，通过具体的监管活动，引导项目干系人通过良性竞争实现现场 HSE 管理资源的有效配置，减少乃至避免“新招迭出”使项目干系人应接不暇的局面，从而避免直接作业者对监管的“应激反应敏感度减弱”，以致厌烦和抵触的“柠檬效应”。

6. 确立以“行为控制”为现场监管活动的着力点，以“找差距，促进步”为现场监管效果的考核准绳

实践中，即便是现场状况和活动合乎标准或规范要求时，照样会发生安全事故。这些事故往往与特定的危险因素无关，不是单单通过安全提示或安全警告就可能避免的，采用“直接追责”的处理方式往往无助于防止事故发生。分析揭示，直接作业活动错误是造成事故的直接性原因，管理隐患是事故激发因素，直接作业者缺乏执行标准的动机或激励不足是事故发生的原因之一。而且，HSE 管理水平是通过“作业者所具备的安全作业能力和知识”“作业现场所具备的安全作业条件”和“有效率的现场安全作业指导和监管”三个方面体现的。因此，现场作业监管必须将控制力作用到直接作业者的具体的作业活动上，而监管活动的效果如何也要通过直接作业者个人“能力”的提高和现场作业组织集体行为的完善来体现。

二、现场作业监管“五要素”

现场作业活动监管“五要素”是指根据现场可能导致事故发生和职业伤害的“4M(Man、Machine、Material、Management)”原理，通过对影响现场直接作业环节 HSE 监管的“人(作业人员和管理人员)”“机(施工机具和设备)”“料(使用的材料、设备与配件)”“法(工艺方法和方案)”和“环(现场条件)”五个基本生产要素实施有针对性的监管活动，来具体控制现场作业活动。这实际上就是现场监管工作的内容，解决的是作业管控“管什么”的问题。

根据现场实际工作经验，可以把五个要素分为 14 个分要素和 50 个子要素。这些分要素和子要素基本上涵盖了作业活动所要涉及的各个方面，为体系化检查表的制定提供了基本框架，为现场立体监管体系的具体实施提供了总体范围和活动重心。见表 7-1。

表 7-1 作业监管五要素

人	机	料	法	环
1. 资格 现场持证 任职 上岗 入场 2. 体质 年龄 体能 体貌 特殊作业体检 3. 防护 PPE 安防器具 安防设施 应急救生 4. 状态 健康 精神 心理 行为	1. 设备 入场许可和标签 监检和标定 使用合规性 维护和保养 状态 设置 安防装置 2. 操作者 位置 安全距离 操作合规性	1. 标示 告知 警示 说明 分类 2. 摆放 位置 通道 顺序 堆放 3. MSDS 告知 安全措施 4. 成品保护	1. 作业交底 方案审查 工艺方法 安全措施 班前喊话 2. 措施准备	1. 自然状态 作业条件 通讯形式 检测方法 控制措施 2. 交叉影响 范围 责任 隔离措施 联络方式

实践中，“五要素”是相互作用、相互影响的。现场监管过程中，既要有针对性地关注某一个或某几个具体的要素，还要注意分析各个要素之间的协调、配合与“一致性”。

三、作业现场标准化管理

作业现场标准化管理是指按照作业程序对作业现场实施以量化指标为标杆的全员、全专业和全过程的标准化和规范化管理。它是将工作标准和工作目标相结合，从作业过程和专业管理的角度，明确作业活动“五要素”的具体管理要求。解决的是直接作业环节现场作业监管“管到什么程度”的问题。

作业现场标准化管理实质上是从“现场”“设备/物资”和“人员”三个方面，对作业安全“人的行为”和“物的状态”两个根本要素，进行规范化和标准化的策划、配置、运行、控制和管理。

1. HSE 风险管理动态化

HSE 风险管理动态化是指对现场作业活动存在的风险，综合运用各种适用有效的危害辨识和风险评价方法，实时进行危害辨识与风险评价，制定并落实相应的管控措施。通过项目风险“分层管理”和作业“分级管理”，使作业层掌握岗位各类、各层级风险内容及管控措施；管理层掌握属地内的各类各级风险及管控措施；决策层掌握本单位的高度风险和不可承受风险内容及管控措施。

2. HSE 管理责任体系化

HSE 管理责任体系化是指以“网格化管理”和“专业保护层管理”为形式，通过建立现场安全管理“承包商–项目管理方–项目部”“三道防线”，落实“属地管理”和“业务/专业管理”的 HSE 管理责任落实原则，形成责权分明、运作有序、互相支持、互相保证的安全责任体系。

3. HSE 培训精准化

安全培训精准化是指在完成规定安全培训的基础上，根据现场实际需求，对不同员工、不同作业、不同现场环境和不同管理要求实施有针对性现场安全培训。同时，将各种作业交底与安全培训相结合，使作业人员真正了解和掌握必要和实用安全技术操作规程和注意事项。

4. 保护隔离规范化

保护隔离规范化包括两个方面：一是根据不同工种、不同劳动环境和条件，为员工配备合格的劳动防护用品，并监督检查作业人员正确配戴使用；二是现场存在的危险部位、危险区域和对可能的危险能量意外释放所采取隔离或围护措施执行标准化的工作程序，采取标准化的围护和隔离设施，设置标准化的警示标识，进行标准化的监督管理。

5. HSE 管理考核指标化

HSE 管理绩效考核指标化是指按照“量化”指标对现场各项 HSE 管理活动进行定期的管理绩效考核。特别是对组织的不安全行为和个体的不安全行为，规定非责任人员检查发现后，对责任人员进行加倍查处。所有项目员工均有发现、制止、检举不安全行为的权利和义务。

6. 现场 HSE 检查“一体化”

现场 HSE 检查“一体化”是指按照现场作业监管“一体化”检查方法，对现场的各项作业活动实施全过程、全专业、全方位监督和检查。全过程是安全管理覆盖从方案编审、安全技术交底和安全措施落实、作业中安全检查、作业后确认施工现场危险源已消除和验收，从单位资质、人员资格、设备设施、培训教育、安全活动、安全事故、安全检查、风险管理、作业许可等各个方面进行监督管理。全专业就是从施工作业技术专业和安全管理技术的角度，对现场作业活动进行实时监督管理。全方位是无论何时何地，只要现场有作业，就要每时每刻每个地点实时进行监督管理。同时，结合现场监督检查活动，实行施工单位日查，项目管理方、项目部、业主企业监督检查的四级隐患排查机制。

7. 高危作业票证化

高危作业票证化是指对起重作业、动火作业、高处作业、脚手架作业、临时用电作业、有限空间作业、射线作业、吊篮作业、动土作业、钢格栅安装与拆除作业等各类高危作业，按照相关制度和工作程序，办理相应作业许可证，作业人员持作业许可证作业，各级责任人员进行监督检查。

8. 现场管理定置化

现场管理定置化是指按照相关规范、标准和项目管理要求，规范现场人、机、料、法、环五大要素的协调和管理活动，使现场安全生产、文明施工、质量管理、工程监理、队伍管理和合同履行的规范化和标准化，实现场容场貌的秩序化。同时，在作业过程中对每位员工要求做到工作任务清楚，现场标准清楚，安全规程清楚，工作绩效清楚，现场环境清楚。

9. 作业设备完好化

作业设备完好化是指对进入现场施工设备和机具，在施工单位自行检查合格的基础上，通过项目管理方检验，并由项目职能管理部门出具检查合格证或车辆入场证。设施机具进场后，使用单位按规定开展日常检查、维护保养、检修，相关单位进行监督检查，每季度检查合格后更换检查合格标签。

10. 应急管理整体化

应急管理整体化是指从应急预案的编制、应急预案的演练，现场应急响应和各级各类突发异常事件的应急处置等方面，制定和推行完整统一的管理制度，将现场各个单位和各级人员的应急管理行为纳入“整体化”的项目应急管理标准和管理体系。同时，以项目为组织，协调社会力量，形成统一的应急响应体系。

作业现场的标准化管理有两个目的：一是通过确立现场综合管理标准，督促、指导和监控项目干系人全面提升现场管理水平，整体减少影响现场作业安全实施的风险因素；二是以作业现场标准化为基准，检查、考核和评价项目干系人的现场 HSE 管理状态和行为表现，评估项目干系人的现场 HSE 管理风险度，为有针对性地实施现场管控活动和管理资源投入提供决策指导。

第二节　现场作业立体监管体系

现场作业活动监管是工程建设和检维修项目 HSE 监管的着力点和落脚点，所有理论和方法都要通过具体的现场监管活动来实现。从现场监管现状来看，如何将分散的、习惯性的、带有很大随机因素的监管行为整合成集成化的、系统的、科学的监管活动体系是当务之急。

现场作业立体监管体系为“网格化安全管理”的组织架构、“专业保护层”的技术架构和“高危作业动态控制技术”的活动架构组成的“四维”现场立体监管体系。参照“JSA 指导”，在第三方技术支持下，对现场各类直接作业活动进行全方位和全过程的监督和管理。

这种体系实质上是将传统的监管方法与先进理论和方法相结合，形成“三个架构”为基础，“一种方法”为手段的统一的、立体化的监管活动体系。见图 7-1。

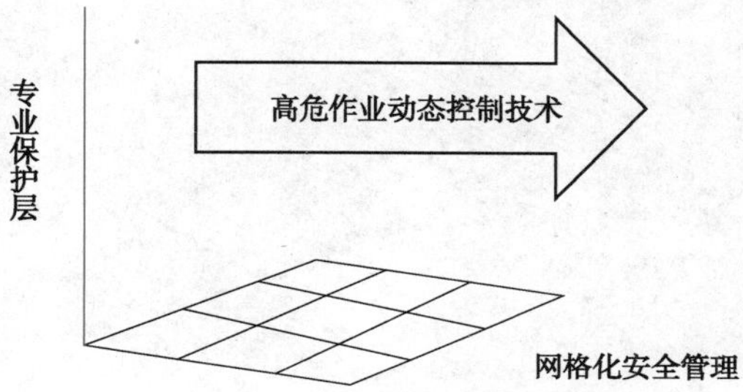

图 7-1　四维现场监管体系

一、现场作业网格化安全管理

1. 定义

现场作业网格化安全管理是指将作业现场按照一定的原则划分成若干个更小的管理区域-网格，以“网格”作为现场作业安全管理的单元。网格内由企业方和施工方各自派员组成管理团队，按照职责分工，以网格为基础确定岗位职责和管理范围，以网格为依托开展作业监管活动，共同负责网格内的施工作业安全管理。

这种形式是按照“属地管理”原则，从区域角度，对作业活动 HSE 管控的“横向”全覆盖，适用于装置全面停工交付检修后进入施工阶段的现场作业安全管控，提供了一种现场作业活动安全管控的组织架构。

2. 网格的划分

按照设置“横到边、纵到底、全覆盖、无缝隙”和“点对点，人对人”的原则，以“一级网格基础网格”“中间网格”和“基础网格”的形式，逐级设置管理网格。见图 7-2。

一般地，一级网格为企业级，它是网格化管理的最高机构；中间网格为作业部(分厂、车间、装置)级，如果作业部(分厂)管辖多个车间或装置，则可将中间网格根据车间或装置细分为二级和三级网格；基础网格是在中间网格的区域内，按照地理位置、工艺流程或工艺单元细分出的管理区域。

图 7-2　网格的设置

网格的管理范围由网格内的同一时段内作业的任务量决定。原则上，基础网格边界应控制在管理者原地环顾目测范围内，作业任务少、风险低的，可以适当扩大网格的范围，但不能超出网格管理人员的管理幅度。而且，相邻的基础网格之间既要明确管理界限，也要保证有效衔接，不能留有管理盲区。实践中，可根据作业任务变化动态调整网格的范围。图 7-3 为某石化企业检修 HSE 管理分区图。

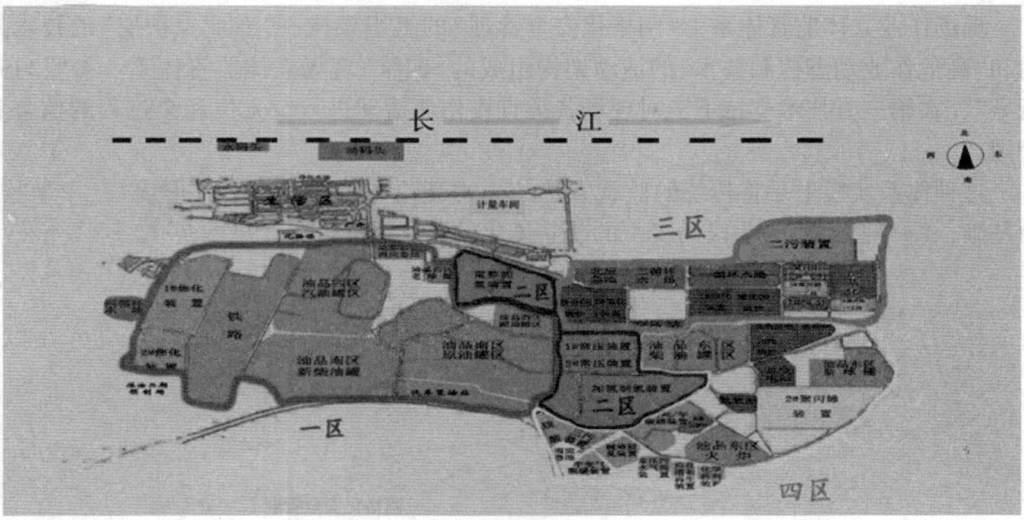

图 7-3　基础网格设置示例

3. 网格中的人员配置

网格化安全管理的组织结构见图 7-4。

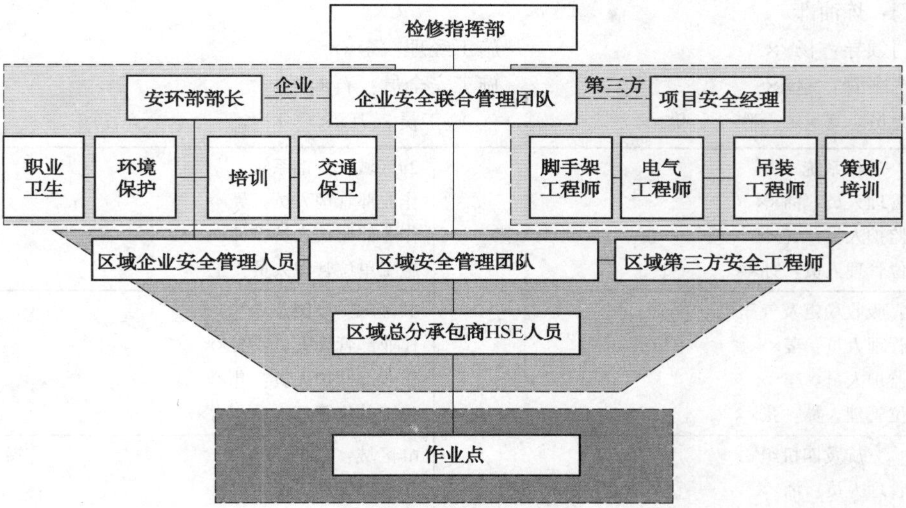

图 7-4　网格化安全管理的组织结构

一级网格一般由企业主管领导负责，企业的安全、设备和工程等职能部门会同项目管理方和施工承包商组成管理团队。第三方安全管理专家进入团队提供专业技术支持。

中间网格一般由相关作业部(分厂、车间、装置)主管领导和安全总监负责，相关作业部(分厂、车间、装置)职能管理人员会同责任监理工程师和工程承包商责任 HSE 工程师组成管理团队。第三方 HSE 管理专家团队派驻区域的 HSE 工程师参加团队，为网格化管理提供技术支持。

基础网格一般由装置的工艺人员和具体的施工作业单位人员组成管理团队。按照责任分工，进行网格内的作业安全管理。

按照"网格覆盖、条块融合、职责明确、联动负责、逐级问责"的原则，各级网格均要按照管理责任和程序，分别配备企业方、工程承包商和监理方的责任人员，实行逐级负责、分类管理。

不同基础网格内的管理人员，同一时间段内不得兼管其它基础网格的作业安全管理。一般情况下，不得把监护人作为网格内的安全管理人员。为保证现场监管人员对现场的熟悉程度、管理的连续性，原则上，区域内的安全管理人员应相对固定，不能频繁更换。

表 7-2 为某石化企业重催装置大修施工安全管理网格示例。

4. 现场问题的处置

网格内，属地管理方责任人负有决策网格内 HSE 管理问题的责任。各单位现场责任人负有解决各自单位问题的责任。

现场发现的问题首先在网格组织内部解决，不能解决的，逐级上报到上级网格。各级网格发现的问题均需记录。

上级网格有责任对下级网格进行检查，监督下级网格落实责任，实施监管工作。

网格内各方责任人员和各个网格责任人员要建立联系，定时定点现场会商。现场要找得到人，能找对了人，保证工作期间时时联络畅通。

表 7-2　中间和基础网格责任分划示例

部门：炼油部

部门领导：杨××　　　　施工经理：李××

装置主管：赵××　　　　施工安全员：石××

三大员：姜××、潘××、樊××　　　　施工员：万××

1#区域：反再系统 作业部管理人员：潘×× 作业部监护人员：钟×× 施工单位管理人员：孙××	2#区域：分馏系统 作业部管理人员：吴×× 作业部监护人员：韩×× 施工单位管理人员：王××
3#区域：吸收稳定及气压机 作业部管理人员：姜×× 作业部监护人员：李×× 施工单位管理人员：张××	4#区域：泵区及界区 作业部管理人员：吴×× 作业部监护人员：叶×× 施工单位管理人员：常××
5#区域：三旋及四机组 作业部管理人员：潘×× 作业部监护人员：杨×× 施工单位管理人员：黄××	6#区域：锅炉 作业部管理人员：樊×× 作业部监护人员：黄×× 施工单位管理人员：王××

二、现场作业 HSE 管理“专业保护层”

1. 定义

现场作业 HSE 管理“专业保护层”是指将现场各类作业活动，按照专业划分管理责任和实施管理活动，形成专业交叉、衔接、套叠或重合的，层层覆盖全场的作业安全“保护层”，从而通过专业系统实现对作业活动的全过程控制。见图 7-5。

这种方法实质上是按照“专业管理”原则，从专业和工艺流程的角度，对作业活动 HSE 管控的“纵向”全覆盖。目的是通过专业系统的“小系统”的规范管理，消除专业风险，进而实现项目 HSE 管理大系统的整体受控。这种形式提供的是一种现场作业活动安全管控的技术架构。

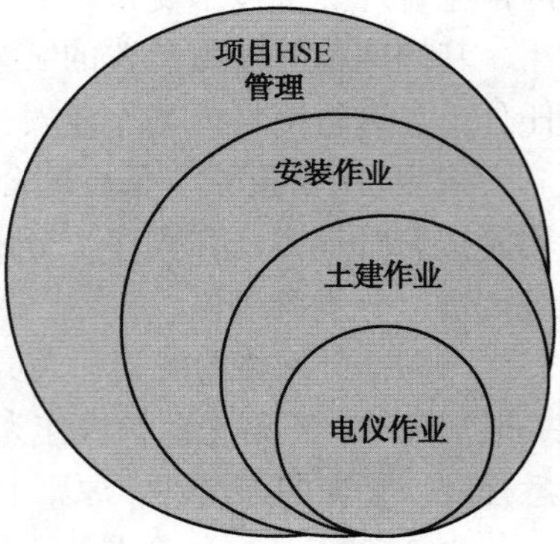

图 7-5　专业保护层

2.“专业保护层”的分划

按照作业专业分划：涉及吊装运输、临时用电、临时脚手架搭设、仪表和自动控制、焊接、压力容器制造与安装、管道预制和安装、建筑施工、保温保冷与涂装、动设备安装等各个专业。基本上按照现场施工作业专业技术管理体系设置划分，这是专业保护层的基本划分方式。以此，建立专业 HSE 管理保护层的基础架构。

按照重点部位、关键环节和重点工程分划：将按专业划分的 HSE 管理活动在具体的区域或工程单元的整合，实质上是从监管的统一性的角度出发，在整体的专业保护层中设置的“子系统”。

按照特殊作业和高危作业分划：包括各种许可作业、特种作业、应急作业、季节作业等。和“重点部位、关键环节和重点工程分划”一样，将按专业划分的 HSE 管理活动在具体的作业领域内的整合，实质上也是从监管的统一性的角度出发，在整体的专业保护层中设置的“子系统”。

3. 保护层的管理责任

（1）按照项目 HSE 管理的专业责任分工，结合现场区域 HSE 管理责任分工设置管理责任。“专业保护层”与“网格化管理”相结合；在具体的作业“点”上，“专业保护层”的现场管理责任通过“网格化管理”来落实，具体的现场管理活动通过“一体化检查”来实施。

（2）以项目 HSE 管理的专业管理人员为主，通过现场区域 HSE 管理组织网络实施。在“装置”层级以上，以项目专业工程师为主；装置区域内，以现场区域 HSE 管理人员为主，项目专业工程师进行技术支持和专业监管。

（3）第三方 HSE 专业管理团队的专业工程师和区域工程师按照责任体系提供技术支持和现场监管。

4.“专业保护层”的实施程序

（1）根据项目实际情况，按照所涉及到的专业确定 HSE 管理专业保护层。

（2）结合项目岗位职责、现场监管网络和专业管理层级，明确专业保护层职责，落实管理人员，确认管理行为。

（3）以日常现场 HSE 监管活动为载体，各个专业保护层对现场专业作业活动实施专业监管。

（4）结合现场 HSE 管理绩效考核，评价专业保护层 HSE 监管活动的有效性。

（5）第三方 HSE 专业监管团队的专业工程师对现场专业监管活动进行实时监督检查和专业指导。

第三节 现场作业“一体化”检查

一、定义

现场作业 HSE 管理“一体化检查(Integral Inspection)”是指现场 HSE 专业监管人员，依据现场作业活动监管网络，采用现场指导与检查相结合的方式，以计划检查和随机检查相结合，区域检查与专业检查相结合，定点检查和动态检查相结合，专项检查与日常检查相结合的方式，对现场作业活动实施全过程和全要素的监管活动。

一体化检查是现场作业 HSE 监管活动的实施方式，也是具体责任人员履行职责的表现形式、各种监管方法的实现途径和现场 HSE 管理工作的具体体现。这种方法的本质是优化现场 HSE 管理资源，协调现场 HSE 管理活动，完善现场 HSE 管理力度和幅度，实现现场 HSE 管理的“全覆盖”与“不重复”。

这种方法是按照“过程管理”原则，从时间延续和作业过程的角度，对作业活动 HSE 管控的“纵向”全覆盖。这种形式提供的是一种现场作业活动安全管控的活动架构，它与“网格化管理”以及“专业保护层”相结合，构成立体的现场作业活动管控体系。见图 7-6。

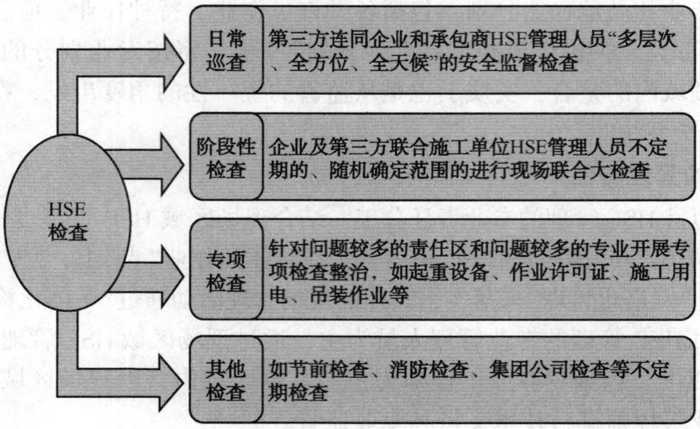

图 7-6　一体化检查

二、检查的形式

各类检查活动一览见表 7-3。

表 7-3　各类检查活动

分类	检查范围	责任方	频度	检查形式
日常检查	基础网格、作业点	装置、车间、作业队	每日、作业过程中	动态检查 重点检查 专项检查
定期检查	各个装置或工地	分厂、事业部、项目部、企业、总部	周、月	重点检查 专项检查
大检查	全部现场	企业、总部	季、年	重点检查 专项检查

1. 动态检查

动态检查是指安全监管人员对作业现场实施实时动态巡回检查，不定期的、随机确定范围的对作业现场进行监控。

2. 重点检查

重点检查是指结合不同阶段的施工重点，重点关注作业中危险作业安全防护措施的落实情况，施工现场安全规章制度的执行情况，作业许可票证的审批情况，特种作业人员持证上岗情况，现场施工作业人员劳保用品配戴情况等。

3. 专项检查

专项检查是指针对暴露问题较多或预测风险较高的区域、作业和专业实施集中监控。特别是针对现场脚手架搭设、吊车使用、临时用电管理、小型吊装工具使用等典型问题组织专项检查，发现问题集中整改。结合节前检查、消防检查以及上级部门检查等不定期检查的形式规范现场管理。

4. 日常检查

日常检查是指HSE管理责任人员每日对责任区内的各项作业活动进行全面的例行检查，是各级HSE管理人员的主要工作形式。日常检查的重点是落实各方HSE管理人员配备和职责行使情况。对于发现的轻微违章问题口头告知，并在HSE管理人员的监督下整改完成。对发现的严重违章现象下发整改通知单，派专人跟踪整改并追踪验证。

日常检查一般由属地管理的基础网格、中间网格的装置或车间级实施，对于施工作业单位则由作业班组或作业队实施。

5. 阶段性检查

阶段性检查是指按照项目实施阶段，在相应的节点上，结合项目成果检验和管理绩效考核，对现场作业HSE管理进行的全专业大检查。实践中，阶段性检查分为“周检”“月检”“季度检查”和“年度检查”。

阶段性检查又分为“定期检查”和“大检查”，一般是由分厂或事业部级以上的管理责任部门实施。其中，大检查一般是由直属企业或总部实施，对于施工作业单位则是由项目或公司实施。

三、检查的主要内容

1. 人员管理

进出场、厂区内交叉流动、资质、年龄、身体、持证、培训、PPE等。

2. 设备设施管理

进出场、厂区内交叉流动、安全围护设置、安全隔离设置、长期性安全隔离和维护设置、生命绳和防护网设置、安全警示与标识设置、现场救护和洗消设置等、设备操作和维护保养、施工压力容器和管道HSE管理、施工受控设备和机具管理、施工计量器具管理、设备和机具事故处置。

3. 现场作业危险化学品管理

MSDS和放置、相关设施设备使用与保养、使用和运输、安全距离和隔离、紧急情况处置。

4. 现场平面布置管理

现场区域规划、临时设施、现场标识、交通管制、门禁、消防、治安保卫、公共卫生设施、厕所、垃圾箱、绿化、设备和机具停放。

5. 承包商管理

准入审查和备案、HSE协议、安全承诺、安全保证措施落实、员工管理、HSE管理活动、HSE事故和事件管理。

6. 装置工艺处理阶段管理

工艺设备和管线处理、地面和地沟地管地井清理和封闭、污染物和废弃物排放控制、噪声和振动控制、区域内人员控制、区域内车辆控制、区域内作业控制、防止硫化亚铁自燃、防硫化氢中毒、防氮气窒息等。

7. 许可作业管理

作业票签批、监护管理、作业管理、现场管理、生产区域内作业“双监护”和“现场风险评价”。

8. 高危作业管理

土方和基础、临时用电、临时脚手架、高处、吊装、吊篮使用、化学清洗、脱脂、喷砂除锈、建筑施工、金属焊接和切割、管线预制和安装、静设备施工、动设备施工、钢结构施工、电气施工、仪表自控施工、现场无损检测作业、强度和气密试验、保温保冷施工、单机和联动试车。

9. 异常自然条件和季节性 HSE 管理

冬季、雨天、雪天、高温气象；恶劣气象、自然和地质灾害。

10. 重点工程和特殊作业管理

方案交底、措施落实。

11. 现场环保措施

污染物和废弃物处置、现场临时存放、输送措施、防尘、防噪声、防热辐射、防震动、防光污染。

12. 现场职业卫生措施

职业病防治、职业病禁忌、食堂、就餐、食物、饮水、生活垃圾处理、防中暑、防冻伤、防感官和皮肤刺激。

13. 应急管理

预案、演练、物资。

14. 信息管理

文件、资料、档案、会议。

15. 现场 HSE 管理体系

法律法规规章制度执行、管理体系运行、安全生产投入。

四、检查程序

(1) 在项目 HSE 管理策划时，组织制定项目检查计划。按照监管职责，确定相应的检查形式、时间、范围、责任人员、受检对象、检查重点、活动方式、报告形式和途径、复检确认形式等。

(2) 按照监管责任分工和检查责任人员组成，结合现场工作实际，分别组织相应责任区域或组织的全体检查人员和受检方责任人员参加的，对检查计划的交底。

(3) 检查责任人员会同受检方责任人员，按照检查计划对现场作业活动实施检查：

① 按照现场“专业保护层”进行专业检查；

② 按照现场“网格化管理”进行责任区域检查；

③ 根据现场管理“五要素”进行作业方案管理检查；

④ 根据现场管理“标准化”进行现场管理检查；

⑤ 按照“不妥协”原则，及时发现问题和纠正违章现象。

对检查发现的隐患，按“六定”原则(定整改措施、定整改责任单位、定整改责任人、定隐患产生的原因、定整改资金投入落实、定整改期限）落实整改，当天能完成的当天完成，当天不能治理完成的，制定隐患监控措施，限期整改完毕，保证隐患查处的闭环管理。隐患整改完毕后，检查责任人员会同受检方责任人员对整改情况进行验证，并形成复检报告。

（4）检查责任人员按照检查计划要求，形成检查报告，并会同受检方责任人员签字确认。

（5）受检方根据检查报告，从问题产生的源头方面组织“举一反三”的“PDCA”循环管理活动，防止问题重复发生。

五、检查的方法

对“管理行为”的检查是通过正式和规范的“审核”或“评审”来进行，对“作业行为”的检查则是通过“现场观察”来进行。检查活动基本上是按“审”“查”“停”和“报”四字“方针”实施；检查信息的沟通基本上是通过“告知”“会议”和“通知”三种形式。

1. 四字方针

审：现场 HSE 管理体系的建立和运行、施工组织设计（施工方案）的 HSE 技术措施、相关法定合格证书或文件以及危害辨识和风险评价。

查：现场各种 HSE 检查、HSE 管理责任人员上岗和履职和 HSE 检查记录与报告。

停：发现现场不具备安全作业条件、作业准备工作未完成、未执行作业方案、大型作业机械设备未经检验合格、存在重大安全隐患、违章作业且存在安全失控的可能性或已下达停工令等重大或紧急情况时，责令暂停作业。

报：发现现场发生事故或紧急情况、暂停作业后未整改和 HSE 检查的问题未及时整改时，按照规定程序和形式报告。

2. 三种形式

告知：日常 HSE 检查中发现的一般性 HSE 隐患，如能立即整改消除的，检查人员可现场口头指出，监督整改，并在检查日志中记录。

会议：利用定期召开的例会或 HSE 专业会议，检查前次会议相关决定事项的落实情况，确定下一阶段 HSE 管理工作，明确 HSE 工作重点，对存在的问题提出处理意见，并形成会议纪要。

通知：发现重要工序、重要部位安全控制措施不完备和安全防护措施不充足，在 HSE 管理人员认为必要时，签发相应的通知单，要求作业单位限期整改，限时书面回复。

六、检查要点

（1）依靠现场 HSE 管理组织网络，特别是网格化安全架构，按照“专业保护层”系统具体实施。实质上是实现“网格化安全管理”和“专业保护层”的具体活动形式。

（2）实施频次、实施时间、受检对象、检查人员、检查范围等要相对稳定。各个责任区域或专业的检查活动要尽可能统一协调一致。

（3）获取的现场 HSE 管理状态数据是评价项目 HSE 管理状况的基础。因此，在制定检查计划时，应统一考虑明确涉及 HSE 管理绩效考核的检查频次、形式、时间、范围和报告要求。实践中，一般是以“阶段性检查”的方式，定时、定人、定次、定区域现场检查打分；按责任区域，周检查统计得分，月度汇总原始数据，按责任单位考核。

（4）检查期间发现的问题，当场整改合格的和在指定期间内整改合格的不计入考核数据；指定期间超过检查周期的，当期暂不计入，根据实际整改效果决定。

（5）必须立即停工整改且计入考核的现象：

① 违反“禁令”或管理“高压线”规定的；

② 可能造成人身伤害的；

③ 重复发生和普遍发生的。“重复发生”是指同一问题在同一受检对象、同一部位、同一区域、同一作业的不同时间里多次发生，实践中，一般是指 3 次以上；“普遍发生”是指同一问题在同一受检对象、同一部位、同一区域、同一作业的同一时间里多处发生，实践中，一般是指当时作业人数的 5%以上。

七、第三方 HSE 专业监管团队的技术支持

（1）第三方 HSE 专业监管的技术优势在于用第三方监管的“动”覆盖现场定点监护的“静”的空间空白，用云平台的“实时”补充人员监管的“当时”的时间空白，逐步解决目前现场管理中暴露的比较突出的“企业员工配备与强制性管理监管要求”的矛盾。

（2）针对超高空作业、催化剂装卸、大件吊装、大型脚手架搭设和拆除、施工临时用电“三相五线制”“三级配电二级保护”的正确设置等施工作业现场的主要风险，第三方 HSE 监管采用方案审核和现场指导相结合的方式，制定更具针对性的措施以加强高危作业的现场监管，组织专业工程师严把安全技术措施方案审查关，从专业角度提出整改意见，分解安全目标，制定阶段性具体控制指标，明确各细分时间段的人员落实情况，使方案更有针对性和可行性。

（3）作业过程中，发挥专业优势和经验优势，采取旁站式监管，全过程、全方位给予专业技术方面的指导。

第四节　现场高危作业动态控制

一、定义

现场高危作业动态控制是指利用项目管理的 WBS（工作任务分解）和网络计划技术，结合风险识别和评价方法，对现场各类高危作业进行危害识别和风险评价，制定作业计划，监控现场人员作业行为和 HSE 管控过程。同时，按照管理程序报备作业活动，进行现场 HSE 管理检查监管数据的统计与分析。见图 7-7。

（1）形成显示现场高危作业动态的现场高危作业一览表。

（2）以实施时间为标志，对高危作业活动全过程监督、记录与考核，形成现场 HSE 管理报表。

（3）提供作业方案审批、现场作业交底和现场作业条件确认的标准化电子表格。

（4）提供典型设备、典型作业和典型作业阶段的 WBS、高危作业辨识和 JSA 分析模板。

（5）与现场视频监控系统相连接，有针对性地获得特定时段的现场作业动态画面。

这种方法实质上是将习惯上的按照施工作业计划，布置高危作业管理的“一事一办”的“被动”方式，转化为根据现场实际条件，确定和协调高危作业活动的“提前计划”的“主动”方式。它是项目管理技术和方法在现场施工作业安全管理上的结合应用。

输入	方法	输出
1.项目作业计划 2.高危作业标准 3.危害辨识和风险评价标准 4.现场实际条件 5.作业资源条件 6.现场HSE管理标准	1.WBS 2.网络计划技术 3.列表或清单	1.现场高危作业计划 2.现场高危作业一览表 3.现场作业交底 4.作业条件确认 5.许可作业过程控制 6.现场高危作业管控确认表

图 7-7　高危作业动态控制

二、实施程序

高危作业动态控制程序见图 7-8。

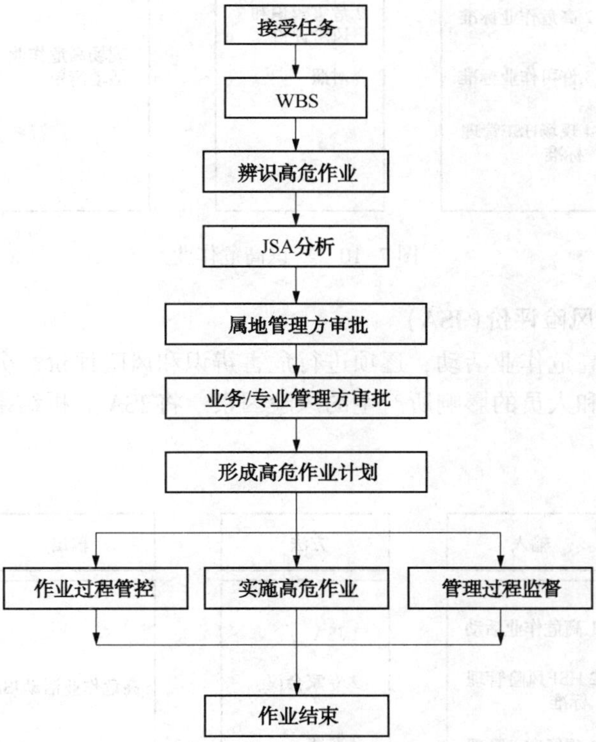

图 7-8　高危作业动态控制程序

1. 作业活动分析（WBS）

根据施工作业计划，对每日的现场各类各专业施工作业活动进行全面的分析和统计。见图 7-9。

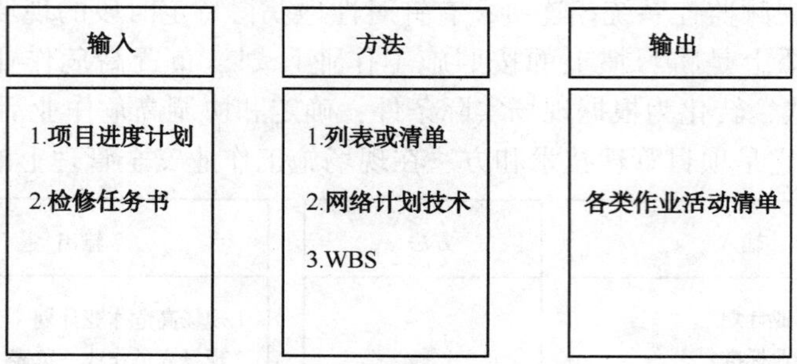

图 7-9　作业活动分析

2. 辨识高危作业活动

根据现场作业活动的分析和统计，对照高危作业标准、许可作业标准和现场 HSE 管理标准，辨识和统计拟实施的各类高危作业活动。见图 7-10。

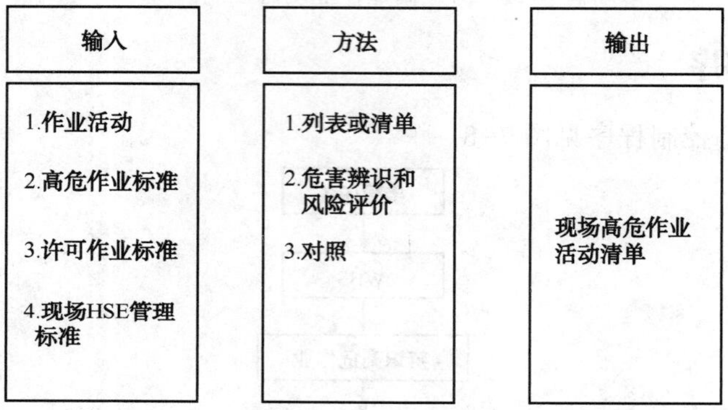

图 7-10　辨识高危作业

3. 危害辨识和风险评价(JSA)

针对所辨识的高危作业活动，逐项进行危害辨识和风险评价。分析作业活动对相应区域内的其他活动和人员的影响所产生的风险因素。将 JSA 分析结果形成现场条件确认项目。见图 7-11。

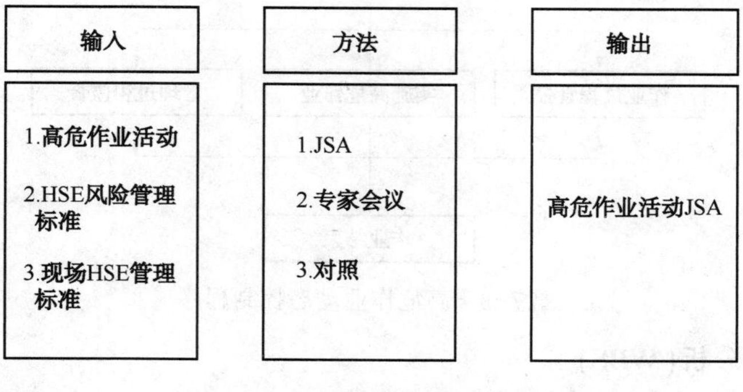

图 7-11　危害辨识和风险评价

4. 现场高危作业计划

根据现场高危作业分析和统计结果，对照危害辨识和风险评价标准、现场 HSE 管理标准和许可作业管理规定，结合项目施工进度计划，从现场实际情况出发，结合现场作业条件、作业资源(时间、材料、设备、资金、人力和其他资源)，统筹指挥、协调、调整和优化现场各类高危作业活动，对各类高危作业活动进行实施策划，编制现场高危作业计划。见图 7-12。

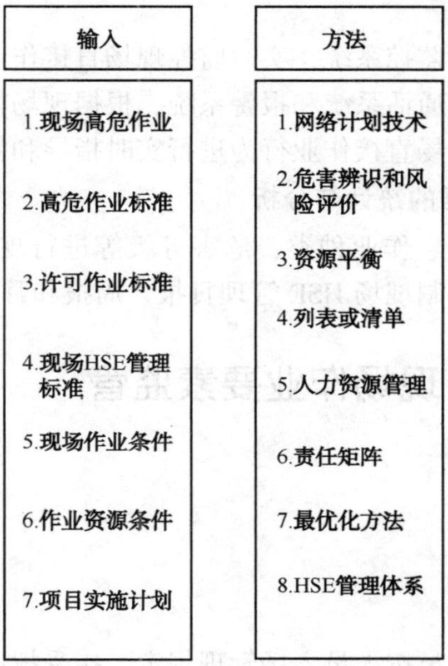

图 7-12　编制高危作业计划

5. 现场高危作业一览表

根据高危作业计划，编制和在装置或项目现场显著部位进行公示高危作业一览表。

6. 高危作业方案

根据现场高危作业计划，对照现场状况、作业需求、管理规定和 HSE 风险管理标准，进行具体的高危作业的危害辨识和风险评价，编制作业方案或作业指导书，明确直接作业者资格、现场管理者或监护人资格、现场作业条件、作业管控措施和应急措施。

7. 作业许可控制

属地管理人员以电子表单的形式，跟踪并记录许可作业票的办理程序、时间、检测数据、检测频度、检测部位、属地方监护人、作业方监护人和管理方责任人、签发过程记录、现场确认签字、作业变更、作业票封闭签字。

8. 确认现场高危作业条件

根据现场高危作业计划，相关管理人员和作业监护人员现场逐一确认各项条件或要求的落实情况。

9. 作业过程中的变更管理

现场高危作业发生实质性变更时，各方责任人员(含监护人)应自“编制作业计划”始，重新完成全部相应管理过程，形成新的现场高危作业计划。现场责任人员(含监护人）依据新的现场高危作业计划，根据现场情况和作业活动的变化，实时进行现场确认和签字。

10. 现场作业交底

现场责任人员按照作业方案、作业指导书和风险管理结果，对全体直接作业人员进行安全作业交底，并按规定签字。作业过程中发生变更时，应重新进行相应交底，并签字。

11. 作业过程监控

各方安全管理人员通过现场视频监控系统，实时监控现场直接作业行为、现场作业条件和应急相应行为。通过现场语音通话系统和报警系统，根据现场视频监控信息和各项作业程序、票证的执行情况，对现场直接作业行为进行实时指导和警告。

12. 现场 HSE 管理检查监管数据的统计与分析

各方安全管理人员按单位、专业、作业种类、危害等级等进行现场 HSE 管理信息的统计和分析。并按照职责划分，编制现场 HSE 管理日报、周报和月报。

第五节　现场作业要素监管

一、作业现场人员管控

1. 作业人员管控原则

（1）实行限定区域人员准入

第一次进入限定区域内的作业人员按人员入场管理规定，接受拟进入区域的相应培训和教育，经考核合格，持相应证件进场。

（2）实行限定区域人员控制

核准进入限定区域内的作业人员按核准的计划派遣、进入、撤出和跨区域移动。

2. 人员入场和能力管控

（1）作业单位资格审查

针对施工项目性质、规模及危险程度等，制定承包商安全资格验收标准，主要针对承包商资质、主要负责人及安全管理人员资质、企业安全生产许可证、HSE 管理体系或职业健康安全管理体系文件、近三年的安全业绩、特种作业人员操作证等方面进行全面审查，评价承包商安全表现及遵守安全法规的能力，审查合格后颁发“承包商安全资格确认证书”，具备进入项目现场施工资格。

（2）作业人员持证上岗

对拟进现场工作的人员，按进场流程进行资格审查和入场安全培训，经考试合格并签订《安全承诺书》和办理入场证。门卫检查进场人员的入场证，防止无证人员进入施工现场。访客经过基本的入场安全告知，并由本项目工作人员全程陪同。

（3）特种作业人员考核

结合入场培训，有针对性地对特种作业人员的资质、能力、技能、经验以及所属承包商的相应管理状况逐一进行专项培训和考核，验证所持上岗证书的真实性。同时，在施工作业过程中，通过观察其具体表现，考核其实际作业能力。

3. 现场人员流动控制

现场人员流动控制是指对限定区域内人员变动和人员跨区域移动的控制。

限定区域内人员变动按限定区域人员控制原则和相关制度，以核准的计划派遣、进入、撤出和移动。

人员跨区域移动按限定区域人员准入原则和人员入场管理规定，接受拟进入区域的相应培训和教育，经考核合格，持相应的证件进场，具体如下：

① 扩展入场证附加内容：入场时，作业人员同时接受拟进入的多个限定区域的相关培训、教育，并考核合格。颁发的入场证中注明所接受培训和教育的全部区域。入场证有效期内进入相应限定区域时，不需再进行相应的培训和教育。

② 人员即时定位技术：采用配备相应电子技术手段的入场证。现场监管人员通过读卡器、移动终端或无线定位等措施，即时获取人员的相关管理信息。

二、现场作业设备管控

1. 设备入场的分类分级管理

根据设备机具的类别分别采用第三方 HSE 专业监管检查和承包商自检、监理复检、第三方 HSE 专业监管抽查相结合的形式。各种类型的起重机、装载机等特种设备由第三方安全监管设备工程师统一实施入场检查，开关箱等小型设备由承包商自检、第三方安全监管电气工程师抽检，检验合格后发放准入证。项目实施过程中，管理方监督各单位的设备管理人员进行定期复查。表 7-4 为移动式起重机检验清单示例。

表 7-4　移动式起重机检验清单

设备名称		规格型号		出厂日期	
所属单位		使用单位		HSE 检验日期	
安全检验合格证有效期		检验机构		设备保险有效期	
操作人员姓名		特种操作证有效期		入场证编号	
检 查 情 况					
检查项目			可接受	不可接受	不适用
安全检验合格证、保险单据、特种设备操作证					
危险部位安全标志					
金属结构及绳端固定情况					
挡风玻璃、刮雨器、反光镜和灭火器					
绳索润滑、卷筒钢丝绳合理布置					
滑轮组及转动系统					
吊钩安全搭扣可用					
主吊钩和辅助吊钩转动状况					
起重臂和副臂状况					
起重臂和吊杆后倾限制器状况					

续表

检查项目	可接受	不可接受	不适用
提升上限位开关			
卷筒和提升钢丝绳锚固件和销轴			
负载图和使用手册			
支腿/履带垫板			
转动设备保护罩			
支腿、履带和轮胎			
其他			

2. 入场设备检查标签制度

所有设备进场都需按类别经过安全检查合格后，贴标签使用。对于特种设备和计量器具，按照相应的法规要求，经过相应的检查确认和定检，并贴上对应的标签。

三、现场作业措施管控

1. 作业安全技术措施

（1）全面和动态的风险评价

按照项目 HSE 风险管理制度，制定 HSE 风险管理计划，监督 HSE 控制措施的落实以及对作业人员实施作业前交底等工作。在现有项目实施计划的发生变更时，预测可能产生的不确定性的内容。对于设备打开检查、清洗、试验和检查鉴定项目等要根据对周期内设备运行情况的分析，结合经验和同类设备状态进行全面评价，利用必要的技术手段尽量实现对未暴露隐患的“技术可视性”。对确定性的检修项目组织专家和作业者，通过各种先置措施，确认施工结合部位的技术参数、可施工性和工艺性，减少作业开始阶段的意外不确定性。

（2）高危作业活动方案

针对大件吊装、大型脚手架搭设/拆除、临时用电配电等重大施工作业环节，作业前，按规定编制施工方案，明确 HSE 控制措施，履行施工方案审批程序，通过事前把关，使编制的安全措施有效指导现场作业。在工程实施过程中，对照现场作业活动，确认施工方案得到严格执行。

（3）现场作业安全交底

施工作业开始前，作业负责人按照批准的施工组织设计或专项方案，向作业人员进行安全技术交底。安全技术交底主要包括两个方面的内容：一是按照施工要求，对施工方案进行细化和补充；二是要对施工作业人员讲清安全注意事项，使作业人员了解和掌握该项作业的安全技术操作规程和注意事项，避免违章作业导致事故发生。安全技术交底工作完毕后，所有参加交底的人员必须履行签字手续。

2. 作业现场条件管控

（1）现场作业条件确认

按照现场责任分工，对作业前的现场安全作业条件和技术措施落实情况进行对照检查，包括现场临时设施、警示标识、道路交通、安全围护、水电气风条件、气象与环境、可燃与有毒有害物质检测、防护措施、应急措施、监护措施等进行现场逐项确认。表 7–5 为工程开/复工条件检查确认表示例。

表 7–5　工程开/复工条件检查确认表示例

序　号	检查内容	监理单位	装置项目部
1	施工组织设计或施工技术方案已正式批准并已进行交底		
2	施工现场地上、已知的地下障碍物已全部清除		
3	施工承包商已建立项目管理机构，职责明确，各主要管理人员按招标文件、合同的约定配置到位，项目经理已获得施工承包商法人代表的任命书		
4	现场已按照业主规定建立了施工办公室，办公设施齐全，施工平面图已制定，“七牌二图”按规定设立，现场文明施工达到企业标准要求		
5	施工现场用水、用电、道路、排水等设施均已建成，并经业主验收合格，能满足施工需要		
6	测量基准点已办理书面移交手续，并签字确认。施工测量放线已报验		
7	施工用料按规定运抵现场，第一道工序所需材料和设备已全部到齐，主要设备和材料已全部落实，后续材料能确保施工进度需要		
8	施工机具已准备就绪，并处于完好状态，特种作业人员具有国家颁发的资质证书，并已经监理公司报验合格		
9	施工力量已落实，施工生产和生活设施已按业主要求建成，现场已经按照审定的施工总平面图进行布置，设施到位，并经业主和监理验收合格		

（2）作业现场布设

按照现场平面布置、道路交通、消防应急、环境保护、职业卫生、治安保卫等专项控制方案，对现场临时设施、临时仓库、仪器设备摆放区、垃圾堆放点等的布置，现场内的材料储备、施工机具和设备、压缩气瓶、施工废料等的管理，临时电缆及电气焊布线的走向、拉设的规范化进行实时控制。

（3）危险区域警示

对危险区域和场所设置警示标识。

（4）危险部位隔离

对打开的容器、孔、洞、井、沟、槽等受限空间设置防止人员误入强制工具，对地面、地漏、阴井、雨排、地沟、倒淋口进行清理和隔离封盖。

3. 作业现场标识设置

表 7-6 检修施工作业现场标识设置标准示例。

表 7-6　检修施工作业现场标识设置标准示例

标识类别	序号	标识名称	设置地点、位置	要求
一、区域标识	1	安全检修施工禁令	检修现场入口或醒目的地方	
	2	属地及主要检修单位组织机构		
	3	检修现场平面布置图		
	4	主要检修项目计划进度控制图		
	5	厂级、装置级、班组级风险分级控制责任表		
	6	检修施工现场各类通用“安全提示、警示标志”		
二、功能分区标识	1	检修施工作业信息板	检修施工网格化软隔离区域	区域用警戒线隔离，信息板统一样式
	2	预制区	区域实体围挡外	自行设计，统一规格
	3	废料区		
	4	垃圾区		
	5	检修指挥部	检修指挥部明显处	
三、人员标识	1	安全负责人	袖标	属地及施工单位
	2	安全检查		属地及施工单位各级安全检查人员
	3	监火人		用火监护人
	4	安全监护		进入受限空间监护人及其它作业监护人
四、风险作业标识	1	动火点旗	设置在用火作业点	
	2	必须戴防护镜	电气焊作业、打磨作业等	
	3	受限空间作业标识牌	受限空间内作业点外	
	4	当心中毒	打开的、当时无进行作业的受限空间设有强制防误入工具	设有强制防误入工具
	5	当心触电	临时配电柜应进行实体隔离，并设警告标志	
	6	当心电缆	临时电缆路段要设警告标志	
	7	禁止合闸	处于检修施工作业、未断开线路的动设备开关处	

续表

标识类别	序号	标识名称	设置地点、位置	要求
四、风险作业标识	8	当心吊物	起重作业应按作业半径设置警戒区域，并设置警告标识	
	9	当心落物	存在交叉作业的作业点设置警告标识	
	10	当心塌方 当心坑洞	动土作业采用围挡进行隔离，并设灯光提示	
	11	禁止靠近 当心爆炸	试压、气密作业应设置警戒区域，并悬挂标志，设专人监护	
	12	当心电离辐射	射线探伤应设置有效的警戒区域，设置警戒灯、警告标识并设专人监护	
	13	当心腐蚀	清洗作业：进行化学清洗作业应设置有效的警戒区域、警告标识并设专人监护；高压水清洗作业应进行围挡并设置有效的警戒区域，设置警告标识	
	14	必须戴防尘口罩	催化剂、干燥剂装卸、保温拆除及其他类似作业：作业时应进行围挡、采取降尘措施并设置有效的警戒区域，设置警告标识	
	15	禁止抛物 必须系安全带	高处作业	
	16	脚手架合格 脚手架禁止使用	脚手架拆装：合格投用的脚手架要悬挂合格标志，正在搭装或搭装不合格的脚手架要悬挂禁用标志	检查人员检查发现不合格的脚手架时，要悬挂禁用标志
五、危险区标识		禁动标志 盲板标志 禁入标志	对带有物料的设备管道转动设备或在运行中的设备设施设置警示警告标识。包括：具有风险的设备管道、下水系统等警示标识，吹扫区域隔离警示标识等	
六、应急标识	1	疏散方向指示	检修区域内路口、高处较大作业平台	
	2	疏散集合点	检修区域外安全处，设一到两处	
	3	应急物资	现场存在应急物资处	
	4	医疗点	现场医疗站	

续表

标识类别	序号	标识名称	设置地点、位置	要求
七、交通标识	1	区域封闭化管理交通信息标识	对人员、车辆分开行走设立隔离措施和提示标识	
	2	车行、人行道路标识	对车辆应指定驶路线并设置提示标识	
	3	停车场 自行车停放点	规范机动车辆、自行车停放地点	

第八章　HSE 管理绩效考核评价

第一节　HSE 绩效考核设计

一、什么是"HSE 管理绩效考核和评价"?

HSE 管理绩效考核和评价是指对项目团队在 HSE 管理的行为表现和工作结果的检查、核算与评价。这是对项目 HSE 管理行为和管理结果的全面、系统和科学地进行考察、分析、评估与传递的过程。

项目 HSE 管理绩效考核一般采用"行为+目标"的方法进行。考核周期内，通过组织和员工的具体 HSE 行为表现，评价 HSE 责任目标的符合度和完成趋势。在考核周期末(考核时点)，通过组织和员工的 HSE 责任目标的实际完成情况，评价组织和员工的实际 HSE 行为表现。

按照管理权限层级可以把项目的 HSE 管理绩效考核分为"项目 HSE 考核与评价""项目部 HSE 考核评价"和"承包商 HSE 考核与评价"。按照实施的时间可以把项目 HSE 管理绩效考核分为"阶段考核评价"和"终期考核评价"。按照实施内容可以把项目 HSE 管理绩效考核分为"HSE 管理目标完成情况考核与评价"和"HSE 实际绩效考核与评价"。

二、主要考核指标

HSE 管理绩效目标分为 HSE 事故指标和 HSE 专项管理指标两个部分。其中，HSE 事故指标大致上由三类数据组成：第一类是主要反映事故总量的绝对数量指标，如事故总数、伤亡总数(TRI)或直接经济损失等；第二类是反映严重程度的相对数量指标，如百万工时事故率(LTA)、千人受伤率和经济损失比等；第三类是反映现场 HSE 管理状态和作业行为风险度的指标，如高风险事件率、未遂事件率、违章事件率等。而 HSE 专项管理指标则主要包括管理责任落实、项目体系运行、员工培训、风险管理与隐患排查、应急管理、法律法规执行、职业健康管理、HSE 专项基金使用、专项 HSE 管理活动等。

实践中，按照"目标—责任—实践"的管理理念，把考核指标分为"保证目标""工作目标"和"奋斗目标"三个"台阶"。保证目标由必须 100%完成的"硬"指标和有 80%把握完成的"管理"指标两部分组成，这是项目 HSE 管理工作的"底线"。工作目标的指标应当有 50%~60%的把握完成，而奋斗目标则应有 20% 的把握完成。

按照"实施范围"把考核指标分为"项目 HSE 考核与评价""项目部 HSE 考核与评价"和"承包商 HSE 考核"三个部分：

（1）项目 HSE 考核与评价：项目整体 HSE 管理目标和阶段 HSE 管理目标的完成情况、项目 HSE 管理责任制的落实情况、HSE 管理计划的编制和实施情况、项目部的各个层级的 HSE 管理责任的检查和考核情况和 HSE 管理中的奖惩制度的执行情况。

（2）项目部 HSE 考核与评价：部门 HSE 管理目标的完成情况、部门和岗位 HSE 管理责任的执行情况和员工执行 HSE 管理计划的实际情况。

（3）承包商 HSE 考核：合同规定 HSE 管理目标的实际执行情况、工程承包商 HSE 管理计划的执行情况、现场 HSE 管理活动的实际绩效、现场施工作业 HSE 行为的评价、现场员工遵章守纪的情况、施工过程中事故率和未遂事故发生发现率和对所属分包商 HSE 管理的监督效果。

实际工作中要尽可能避免过度强调考核目标"量化"，特别是把伤亡和损失类指标作为主要考核依据。这样有可能误导现场管理者过分重视数字和结果，忽视管理过程，产生短期行为，不利于基础建设，而且会无意中促使瞒报虚报，即使数据失真，会对 HSE 管理的目标造成误解。

实践中，一般是通过日常或定期的现场 HSE 检查活动来观察现场 HSE 管理状态和 HSE 行为表现，获取 HSE 绩效原始数据，从而评价现场 HSE 管理绩效。因此，HSE 绩效考核目标应该依靠组织架构和管理责任，按照项目目标责任制要求，进行逐层和逐个单位的分解，直至直接作业环节和基层管理岗位。通过 HSE 管理策划、HSE 风险管理、工程承包商、现场 HSE 培训、现场 HSE 监管活动等形式，全面落实到每日的直接作业活动和现场 HSE 管理活动。

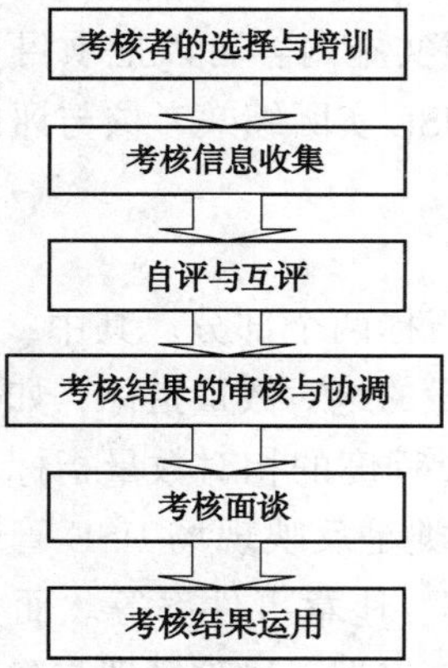

图 8-1　绩效考核程序

三、HSE 考核的实施

实施 HSE 管理绩效考核要把握两个要点：一个是以"对人干的事"进行考核为出发点；另一个是以对日常工作中的行为和效果进行观察、记录、分析和评价为方式。具体的考核工作见图 8-1，具体分为五个步骤，如下：

1. 制定考核标准

结合项目 HSE 管理计划（或项目管理计划），明确 HSE 绩效指标，确定考核的方法、程序、职责和制度。特别需要注意的是考核标准的一致性、公开性、可行性和相对稳定性。

在充分保证项目干系人参与和承诺的基础上，按照工作责任体系分解考核指标。对工程承包商和供应商，应该结合"工程承包商管理"的方法和体系，按照"一体化项目团队"的理念，明确"责任共担"的分解指标。通过管理者与被管理者之间的有效沟通，形成明确共识，特别是要取得承包商的参与和共识。

2. 实施绩效考核

绩效指标一旦下达，团队成员的任务就是努力实现工作绩效。项目管理者的任务就是跟踪工作过程，适时监控，正确反馈，及时辅导和有效激励。

运用各种信息交流的形式，包括例会、专业会议、专题会议、书面报告、电子信息等，及时了解工作进展情况，收集和记录现场 HSE 行为和成果数据，沟通项目管理信息。实践中，我们是结合现场 HSE 管控活动，以“风险度”为基础，以“一体化检查”和“现场检查表”为形式，通过相关方日常 HSE 管理状态和行为表现，综合评价现场 HSE 管理绩效。

在“一体化项目团队”的组织架构内，通过绩效考核活动帮助团队成员解决工作中遇到的障碍，特别是注重对承包商相关工作的协调，及时有效地就相关问题进行沟通，特别是团队成员之间面对面的直接沟通。团队成员之间绝对杜绝“甲方乙方”所谓“地位”或“身份”的自我感觉。同时，结合绩效考核活动，在项目现场培训的总体计划内，为团队成员(含承包商)提供完成 HSE 绩效指标必要的培训。这是“一体化项目团队”与其他团队形式的根本差别所在。

3. 考核结果的分析与评定

将考核记录与绩效指标相对照，运用适当方法进行分析和评判，从而得出考核结果。特别注意研发和运用“量化”绩效考核和评价技术和方法，尽量减少考核和评价过程中的“人为因素”和“感情化偏差”。

4. 结果的反馈与实施纠正

通过适当的形式将考核结果反馈给项目团队成员，让团队成员了解对自己的工作情况的评价。让管理者了解团队成员的 HSE 实际表现和工作能力。通过对 HSE 考核结果的分析，为团队成员自我改进工作指明努力方向，为促进团队成员改进 HSE 行为提供指导和途径，为项目组织为团队成员实施 HSE 培训确定目标。实践中，对于日常 HSE 检查或监督活动发现的问题和隐患，力求当场指出，并会同相关方一起查找原因，制定整改措施，监督实施。这是绩效考核的真正目的所在。

5. 结果的运用

考核结果要与专项培训和市场准入等激励措施相结合，产生对团队成员的正向激励效果。鼓励团队成员把 HSE 考核结果与个人或企业发展规划相结合。项目管理层要注意把考核结果和改进措施通过项目“变更控制”机制和“PDCA”循环过程实现对项目 HSE 管理的优化和提高。这是目标绩效考核的根本目的。

第二节　以风险度为基础的 HSE 管理绩效量化考核方法

一、什么是“以风险度为基础的 HSE 管理绩效量化考核方法”？

以风险度为基础的 HSE 管理绩效量化考核方法是指将相关方的现场 HSE 行为表现和管理状态转化为相应的 HSE 风险程度，通过“HSE 风险立方”的形式，立体表征相应的“量化”值。在此基础上，再经过现场影响因素的修正计算，数值化地评价现场检查结果，进而获得相关方的现场 HSE 管理绩效“数据”，据此对相关方的现场 HSE 管理绩效进行评价。

二、从 HSE 风险“立方”中获得 K_0 值

在总结管理经验和数据积累的基础上，以“HSE 风险立方”为架构，以“风险分层”为 Z 轴，“作业风险等级”为 X 轴，“作业分级”为 Y 轴，建立量化数据“空间”。以“风险分层”表征关联行为(管理行为)，以“作业风险等级”和“作业分级”表征工作行为，将现场检查中发现的具体的 HSE 管理状态和作业行为按照解决相应问题所涉及的或需要的管理等级和力度、现场问题表现的风险程度和相应问题所处的作业等级，在“HSE 风险立方”中赋予对应的“坐标值”。然后计算得到“K_0”(KPI)，作为现场 HSE 管理状况和 HSE 绩效评价的基础分值。见图 8-2。

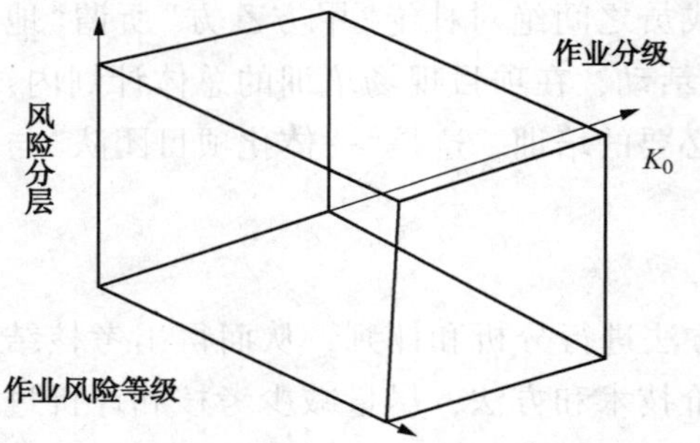

图 8-2 在 HSE 风险立方里确定 K_0 值

$$K_0 = 1/(X^2 + Y^2 + Z^2)^{1/2}$$

这个方法的特点是引进了 HSE 风险“分层管理”概念，不但考虑了具体作业的不同风险等级，而且考虑了相应管理要求所带来的管理风险差别，为现场 HSE 监管活动和 HSE 管理绩效考核建立了比较实用的“量化”方法。

“K_0”值可以根据项目的具体情况、现场 HSE 监管活动的可行性以及 HSE 绩效考核工作的具体需要，在总结实践经验的基础上确定取值规则。

实践中多是依靠现场 HSE 管理体系，通过相应的现场管理活动来获得坐标值的原始数据：

(1) 通过“检查”获取现场作业 HSE 管理状态数据是评价项目 HSE 管理状况的基础。

(2) 以检查表为原始数据的记录方式，以现场考核区域为原始数据统计单元和基础数据分析单元。

(3) 以“阶段性检查”的方式，通过周检查获取原始数据，每个月汇总原始数据，分析考整理形成基础数据。

三、现场影响因素

为了尽可能减少各种因素和差别对 HSE 绩效考核的“公平性”“可比性”和“一致性”的影响，在总结大多数项目现场实际情况的基础上，参考相应标准和规范，以“JSA 指导”为参照，将反映现场作业具体情况的作业内容、作业数量、资源投入、技术程度、现场条件、作业时间限制和作业相互影响等因素，简化为“现场条件”“作业人数”“任务难度”和“作业时间”四个可数值化“现场影响因素”。

(1) 现场条件(K_1)：将现场作业自然、气象和地理条件分为等若干种不同的情况，并根据实践经验赋予不同的分值，$K_1 \geqslant 1$。同一区域内，同时进行不超过五种作业(含五种，不限于一个单位)时，$K_1 = 1$。每多一种作业，增加相应的分值。见表 8-1。

表 8-1　作业环境影响

情　况	危险因素	情　况	危险因素
1	有毒有害危险环境	0.2	给排水不良、积水、淌水
0.1	现场环境不良：地面湿滑、场地狭窄、地面不平、现场杂乱、现场有障碍	0.5	强迫体位：设计不符合人类工效学要求，易引起作业人员疲劳、劳损或事故
0.2	基础不牢固	0.8	气温过高：暑季、高温部位
0.8	安全通过缺陷：无通道、通道狭窄、通道不畅	0.8	气温过低：低温区域
0.3	采光照明：照度不足、烟尘弥漫、能见度不足、无天然光、天然光过强	0.8	气压过高：含气压变化剧烈
0.7	有害光照：炫光、频闪	0.5	气压过低：含气压变化剧烈
1	缺氧	0.8	高温高湿：含高热辐射
0.5	通风不良：自然通风差、气流过大、无强制通风、风量不足、换气量不足	1	自然灾害：冰雹、洪水、大雾、暴风、大雨雪、地震等
0.4	空气质量不良：空气污染、有异味	0.3	其他作业环境不良

（2）作业人数（K_2）：同一区域内，月平均作业不超过人数100人（含100人，只限于一个单位）时，$K_2=1$。按现场管理人数，分别赋值。见表8-2。

表 8-2　人员数量关系

人员数量	1~3	1~10	10~30	30~100	100	>100
K_2	0.1	0.2	0.3	0.5	1	1.5

（3）任务难度（K_3）：一般的、常规的以及只需正常的资源投入就能进行的作业为基础分数。实践中，选择“实施作业方案”的数量来表征任务难度。同一区域内，每实施一个作业方案（含专项安全方案），增加相应的分值。

（4）作业时间（K_4）：将作业实施的时间分为“白天”“夜间”“赶工”“合理工期”“低温”“高温”“雨雪天”等若干类，并根据实践经验赋予不同的分值，$K_4 \geqslant 1$。合理工期内、白天正常时间、适宜气温、晴天作业为基础分数。同一区域内，每增加一种因素，增加相应的分值。见表8-3。

表 8-3　作业时间影响

作业状况	作业时间描述	K_4
正常	合理工期、正常作业、白天、晴天	2
赶工	赶工加班	1.2
夜间	夜间加班	1.4
恶劣天气	高低温、雨雪天气	1.8

现场影响因素可根据现场实际情况，针对不同的现场状况、项目实际、各方共识和实际经验，确定各种分类和赋值。同时，可以结合项目实施过程的实际变化，在不同的考核期间内进行相应的调整。

四、绩效量化计算

绩效考核分数 $K=(K_1 \times K_2 \times K_3 \times K_4) \times K_0$ 需要说明的是这个“量化”值是对现场 HSE 管理状态和 HSE 行为的“数值化”的评价和衡量，表征的是现场检查和考核时间点上现场的“即时”状况。而项目的 HSE 管理绩效目标就是通过这样的一个一个“时间点”上的“即时”状态来实现的。因此，K 值表征的是考核点位时项目 HSE 管理绩效目标的“完成程度”，而项目 HSE 管理绩效目标是项目实施全过程 K 值的综合。

第三节　团队激励与样板团队

项目 HSE 管理绩效考核的目的是为项目 HSE 管理团队激励和建设项目 HSE 管理样板团队提供状态参考和工作起点。团队激励和建设样板团队则是项目 HSE 管理绩效考核的目的和归宿。任何形式的绩效考核反映的都是项目 HSE 管理现状的“过去时”，而绩效考核的目的就是通过样板团队建设引导项目干系人实现良好的项目 HSE 管理状态的“将来时”。

一、项目 HSE 管理团队激励

1. 什么是项目 HSE 管理团队激励？

项目 HSE 管理团队激励是指在项目 HSE 管理绩效考核的基础上，通过外在和内在的激励因素作用，最大限度地激发项目 HSE 管理团队成员的内在动力，发挥其潜能，加强团队合作，从而保证实现项目 HSE 目标。

团队激励的出发点是满足项目团队成员的各种需求，即通过系统的、适当的“正向”，以积极、正面和公开的形式，回应、激发和促使团队和员工保持与发扬优良的 HSE 行为和 HSE 表现。

2. 为什么要进行团队激励？有哪些形式？

团队激励分为“外在激励”和“内在激励”两种形式，通过“工作目标激励”“团队文化激励”“整体管理绩效激励”和“集体荣誉激励”四种模式体现。外在激励即物质形式的激励，包括奖金、额外福利和特殊待遇等；内在激励即心理形式的激励，包括成就感、增加的责任和成功的机会等。

激励的目的是实现组织目标与成员个人目标的统一。对于“一体化项目团队”来说，团队成员实际上是作为“组织”的项目干系人。所以，团队激励就更复杂地表现为与合同履约行为相结合，而激励效果及影响也不再是单纯地“个人”，而是一个有机的和相互影响的“群体”。激励形式更多地是在合同约定的框架内，以“物质激励”的形式体现。同时，辅以“集体荣誉激励”的模式。

3. 怎样进行项目 HSE 管理团队激励？

（1）建立与团队激励相容的现场监管机制

HSE 管理绩效考核和激励的是项目干系人的现场 HSE 管理状态和作业行为表现。这就需要通过日常的现场监管活动获取“原始数据”，而激励效果如何也会通过项目干系人的现场 HSE 管理状态和作业行为表现体现出来。

一体化项目团队成员的项目目的、利益追求和管理机制千差万别。如何在保证项目 HSE 目标的前提下，使不同的项目干系人的利益“均衡地”得到满足，解决项目管理者与其他项目干系人之间的利益或目标冲突，就要求建立与团队激励相容的现场监管机制。

与激励相容的现场监管机制是指尊重不同的项目干系人有差别的自身利益，承认个体在主观上追求自身利益的合理性和合法性。通过一定的激励规则的约束和引导，使个体在主观上追求个人利益的同时，客观上达到项目 HSE 目标。而这种“激励规则”则是通过现场监管活动“激励”遵守规则和服从约束的项目干系人。

（2）以项目 HSE 管理目标为导向的、考核与激励相结合的分类模式

首先，充分发挥项目干系人自主管理和自我控制的主动性和责任感，根据其现场管理经验和管理能力，在保证项目 HSE 目标的基础上，确定 HSE 管理的“事先承诺”指标。如果在项目实施期间，项目干系人的 HSE 管理状况和行为表现劣于“事先承诺”，则项目管理者将升级或直接介入现场监管活动，直至全过程控制现场作业活动。同时，通过即时的激励行为使项目干系人自主寻求现场 HSE 管理力度和现场作业活动正常实施之间的最佳平衡。

具体实施激励时要注意激励与绩效考核之间的异同。激励是以 HSE 管理绩效考核为依据，纳入项目绩效考核系统的。但是，绩效考核评价的是履职程度和工作成果，考核的是项目干系人完成规定工作的实际情况，注重的是成果和达标程度。激励表彰的是超过规定职责范围和日常工作标准的优秀的行为，注重的是行为和优异表现。绩效考核的兑现是物质性的，激励兑现的还有精神性的。简单地说，绩效考核合格得到报酬，优秀的行为获得激励。

（3）以风险管理为基础的“差别化”的激励方法

不同的作业任务、不同的现场条件和不同的作业者的 HSE 风险、管理需求和管理绩效有差异。为了避免同一固定标准易导致的“逆向选择”现象，根据项目 HSE 风险“分层管理”和作业“分级管理”的原则，对不同风险度的现场作业活动采取有差别的激励方法，使实施不同风险度作业的不同的项目干系人均能得到与其优良的 HSE 管理绩效相“适应”的激励。同时，也可以有效地集中使用 HSE 管理资源。

根据“一体化项目团队”组织的临时性和成员的变化性的特点，强调以人为本，注重发展和合作，在促进团队提升 HSE 管理绩效和现场管理水平上下足功夫。在坚持奖励优秀的行为（就是常说的“奖干的好的，不奖干的累的”）的基础上，着重奖励团队成员通过努力都可以做到的行为（也就是常说的“大家跳跳脚都能够得着”）。同时，激励要与团队文化和成员的价值观相一致（也就是常说的“到什么地方说什么话，看人下菜单”）。激，要适度、公平和把握最佳时机。让激励真正为团队成员所乐于接受，真正起到“正面”效能。

（4）以提高项目干系人自主管理积极性为目的激励手段

综合使用“目标结合”“物质激励与精神激励相结合”“外在激励与内在激励相结合”“差异化和多样化”“正向激励与负向激励相结合”“感激”“表彰”和“机会”等激励手段。既要依据“积极加强”的原则，即“一种行为一旦得到认可或奖励就会重复发生”的理念，

对团队成员表现出来的符合组织规范的行为进行奖励，又要对不符合组织期望的行为进行惩罚。

将激励活动与团队建设活动有机地结合起来，依靠各种有效的沟通形式和方法，不断地、持续地和反复地加深和加强团队激励活动中的合作，延伸激励的效用范围和正向效果。特别是注意信息沟通和合作过程中的“公平性”“及时性”“针对性”和“相互尊重”。让团队清楚地了解和认识到激励活动的价值导向和评判标准。让员工清楚地知道“为什么获奖”“怎么样才能获奖”，清楚地了解到组织鼓励那些良好的 HSE 行为和习惯。

实践中，有时候团队中的主动、正面、积极、有效的沟通也是一种“隐形”的激励活动。对于直接作业者，来自高层管理者(特别是业主方高层管理者)的主动沟通(特别是对其 HSE 行为和绩效的肯定)本身就是一种直接、简单、有效的激励。

(5) 基于“理性预防”为原则的激励导向

所谓“理性预防”是指如果预防事故需要采取的措施的成本小于或等于事故发生的概率损失，则认为企业未尽到责任；反之，则视为已尽责。由此认为，当预防事故需要采取的措施的成本等于事故发生的概率损失时，预防事故的效率最高，事故的成本最小，即实现“帕累托最优”。

从“理性预防”的观点出发，团队激励行为的导向应该是针对不同的作业行为和作业条件，在合理的风险评估的基础上，鼓励和引导项目干系人在“安全实施作业”的目标下，采取必要和充分的安全投入和自主管理行为，避免对现场 HSE 管理投入要求的片面地、一刀切的过于广泛化和严格化的倾向。

(6) “问责”与“有效管理”相结合的激励理念

在“问责风暴”的高压力、严追责的形势下，人为地造成了安全责任和安全风险对应，安全责任和工作收益不对称的“恶性循环”。HSE 管理成为一个“高风险”职业。现场 HSE 管理要么是采取不断加码的“高压政策”和一阵接一阵的“检查运动”，要么是一出事就一刀切地“全面停工整顿”。事故处理更是搞“连坐”，出现“孩子和洗澡水一起泼”的现象。在这种“畸形”的氛围下，HSE 管理绩效就成了运气如何的事了。

我们认为，要实施正常的 HSE 管理绩效考核和激励方法，首先要树立“有效管理”的理念。对于现场，就是在保证实现项目 HSE 管理目标的前提下，激励“安全实施作业”的管控行为；对于项目干系人，就是激励合理和充足的 HSE 管理投入，激励有效地现场 HSE 行为；对于 HSE 管理人员，就是在切实落实“属地管理”和“业务/专业管理”责任的基础上，激励尽职有效的管理行为和业绩，避免“输了比赛处罚裁判”的情况。采用对团队成员有吸引力的激励方式，具体措施要是正面的和积极的，尽量避免“末位淘汰”“严管重罚”之类的容易让人产生抵触感的方法。

(7) 有计划、协调一致和持续改进的激励行为

明确的激励目标和激励时间是最直接的工作动力，让“一体化项目团队”中的每一个成员都能理解制定激励计划的目的、作用和奖励标准。项目 HSE 管理目标考核和项目的成果相结合，明确考核目标完成程度的获奖范围和 HSE 行为表现与激励标准之间的联系和激励实施的时间周期，一般不要大于 1~3 个月。

在激励实施过程中，时刻关注团队的活动情况，时刻保持实施的动力，定期进行审核和修订激励计划。

在“一体化项目团队”中，要注意各个项目干系人的自主的激励活动与项目团队整体的激励活动的一致性和协调性。充分发挥“一体化”的优势，有目的、有计划地整合不同项目干系人的激励措施，使其相互配合、相互补充、相互衔接，形成集成化的激励活动体系。

二、项目 HSE 管理样板团队

1. 什么是“项目 HSE 管理样板团队”？

根据多年的现场实践，我们借鉴现场普遍应用的“样板工程”的概念，提出“项目 HSE 管理样板团队”的概念。项目 HSE 管理样板团队是指能够提供示范作用的、具有正向引导效应的、创造了优良的现场 HSE 行为和状态的“一体化”项目团队。

项目 HSE 管理样板团队的作用就是借助“样板”的示范和带头作用，在现场 HSE 管理过程中，建立和推行优秀的 HSE 行为标准、状态标准和方法标准，从而促进现场 HSE 管理状态和直接作业行为的不断优化，提升现场 HSE 管理绩效。

2. 样板团队有哪些特征？

实践证明，员工的 HSE 行为是决定项目 HSE 管理绩效的关键因素。从这个认知出发，我们提出了以“行为”为导向的项目 HSE 管理样板团队的“特征因子”概念，见表 8-4。

表 8-4　样板团队的特征因子

<table>
<tr><th>组织因子</th><th>行为因子</th><th>个人因子</th></tr>
<tr><td>团队正向导向</td><td>强化正向行为</td><td rowspan="4">个人理念
个人能动性
个人能力</td></tr>
<tr><td>HSE 管理政策与目标</td><td rowspan="3">良好的沟通
适应的培训</td></tr>
<tr><td>团队管理策划</td></tr>
<tr><td>职责</td></tr>
</table>

（1）在“组织因子”“行为因子”和“个人因子”三种特征因子中，行为因子是关键因子。项目团队的政策、目标、职责、计划和导向通过行为因子来转化为员工的行为理念，提升员工的行为能力，激发员工追求良好的 HSE 绩效的能动性。员工的个人能力、个人理念和个人能动性在行为因子的作用下，体现为团队 HSE 管理目标的实现。所以，优良的行为是样板团队的首要特征。

（2）从样板团队的导向性来看，个人理念是“个人因子”中的主要因素。这个道理很简单——理念引导行为，理念决定行为，而一致的、正能量的个人行为的集合就是样板团队的集体表现。所以，员工具有优良的思想是样板团队的基础特征。

（3）从样板团队的示范性来看，团队正向导向是“组织因子”中的决定性因素。这种团队正向导向包括：一致共识的正向行为准则、鼓励自觉的优良行为的价值观、持续改进的学习型组织文化和摒弃“被监视”感觉的相互指导的成员关系。所以，优良的团队整体文化是样板团队的显性特征。

（4）从样板团队的优良性来看，充分的沟通和适宜的培训是“行为因子”中的关键因素。充分的沟通是项目团队成功的主要因素这一点毋庸多言，适宜的培训则是保证个人能力和实现正向行为的基础。所以，优良的人际关系是样板团队的重要特征。样板团队行为流见图 8-3。

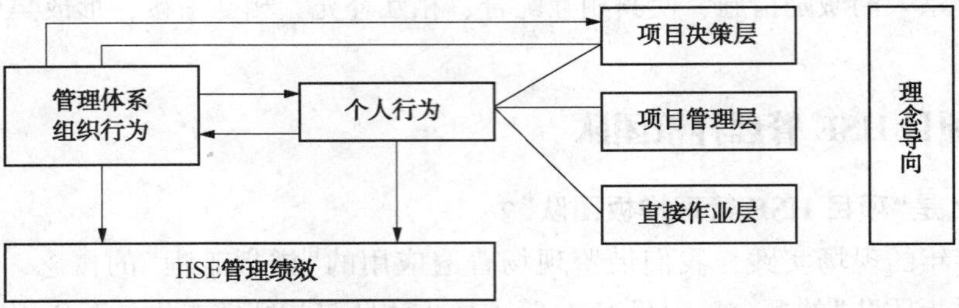

图 8-3　样板团队行为流

3. 样板团队的行为模式是什么样的?

样板团队的优良行为表现为员工与团队的“优良的现场 HSE 行为”和“优良的现场 HSE 状态”。而要达到这个目标，则需要一个以“责任”为核心、以效率为目标、以问题为导向、以合作为基础的、全体成员参与的持续改进过程。这个过程就是样板团队的行为模式。见图 8-4。

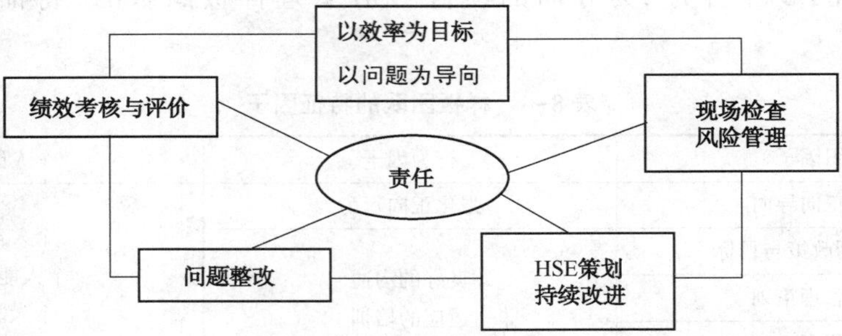

图 8-4　样板团队行为模式

4. 样板团队如何长成?

样板团队是一种具有“正能量”的团队，它和项目组织一样，有自己的成长和消亡周期和过程。在这个周期和过程中，团队激励活动起着“催生剂”和“助长剂”的关键作用。可以说，只有“正能量”的团队激励才能造就“正能量”的样板团队。样板团队的生命周期分为五个阶段，见图 8-5。

（1）团队组建阶段

针对不同角色的项目干系人转变为“一体化项目团队”成员的特点，通过预期激励、信息激励和参与激励的方式，促进成员的角色确定。

要清醒地认识到，在这个阶段，各个项目干系人对“一体化项目团队”的认知还是处在“独立”和“分散”状态。因此，项目业主方要主动担起“引领”和“示范”的作用。要按照“小题大做”的思维，在实现 HSE 管理目标的共同愿景下，通过对“点滴”和“细微”的良好的 HSE 行为的大张旗鼓的激励，加速团队的融合。

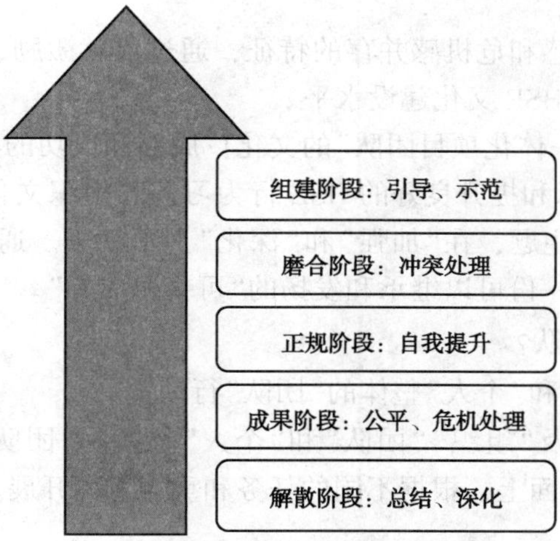

图 8-5　样板团队的生命周期

（2）团队磨合阶段

针对不同利益诉求的“一体化项目团队”成员之间冲突逐渐显露的特征，通过参与激励、责任激励和信息激励的方式，促进成员的不满情绪的解决。

这个阶段是“一体化项目团队”逐渐形成和相互融合的关键阶段。随着现场 HSE 管理活动的开展，团队的整体利益和项目干系人的各自利益会发生矛盾和碰撞，各种对立情绪会集聚和激化。除了一般的冲突解决机制外，团队激励活动又提供了一种直接带来正面效能的矛盾协调方法。这个时候要以“责任激励”为主要方式，通过正规化的团队激励活动，激发团队成员履职尽责和主动协调协作的主动性和责任感。

（3）团队正规阶段

针对“一体化项目团队”凝聚力加强的特征，通过自我激励和知识激励的方式，促进团队工作绩效的提高。

在这个阶段，要把现场激励活动从“引导”“示范”和“鼓励”转化为“自我激励”和“自我提高”。通过团队成员的自觉行为，提升现场 HSE 管理的绩效，可以采取一些有创意、有挑战性的形式，激发现场直接作业环节员工的积极性和主动性。特别是要有意识地将各种现场 HSE 检查、监督和考核活动与作业者的“自我激励”和“自我提高”活动相结合，形成有自主生命力的良好的 HSE 管理文化。

（4）团队成果阶段

针对团队成员配合密切的特征，通过危机激励、目标激励和知识激励，促进团队成员的成就感。

完成 HSE 管理目标只是“一体化项目团队”HSE 管理工作的“最低纲领”，在项目干系人中形成良好的 HSE 行为习惯和组织文化才是其最终目的。从这个意义上讲，项目 HSE 绩效考核只是为了实现“最低纲领”服务，而良性的团队激励活动却会带来团队集体和不同成员对项目成功的 HSE 业绩的成就感。

这个阶段最可能产生的“危机”就是团队成员对成果的“公平性”的认同，这就需要从激励机制的策划与实施以及实施过程中的充分沟通两个方面加以关注。

(5) 团队解散阶段

针对团队成员自豪感和危机感并存的特征，通过成就激励、物质激励和保健激励，提升团队成员组织中的 HSE 文化建设水平。

“人走茶凉”不是“一体化项目团队”的文化！成熟和成功的项目 HSE 管理过程的标志是“养成、维持、传承和提升良好的 HSE 行为习惯和组织文化”。这个阶段的团队激励活动就是要围绕这个主题，在“加强”和“深化”上下功夫。通过各种有声有色的激励活动，让团队成员收获一份可以继承和发扬的“可交付成果”。

5. 怎样创建样板团队？

(1) “组织”“团队”和“个人”整体的“团队”行动

创建样板团队是涉及“组织”“团队”和“个人”整体的“团队”行动。需要在“组织”“团队”和“个人”三个层面上，根据不同的任务和重点协调开展。见表 8-5。

表 8-5　样板团队行动的三个层面

<table>
<tr><td colspan="3">组织(企业、项目)行动</td></tr>
<tr><td>外部环境</td><td>HSE 政策、目标和策划
HSE 技术
HSE 文化
HSE 管理体系</td><td>组织行动效率</td></tr>
<tr><td colspan="3">团队行动</td></tr>
<tr><td>组织环境</td><td>任务和职责
团队组成
行为准则
团队核心和互助
工作程序</td><td>团队行动效率</td></tr>
<tr><td colspan="3">个人行动</td></tr>
<tr><td>团队环境</td><td>任务和职责
工作目标
工作条件
工作能力
工作关系</td><td>个人行动效率</td></tr>
</table>

(2) 团队内外所有干系人的“集体”合作

创建样板团队不是一个人或一部分人的“心血来潮”或“官样文章”。这是一个需要团队内外所有干系人全过程和全方位主动参与的“一致”行动，需要协调和利用各方面的资源将良好的愿景转化为“美好”的现实。特别是与项目 HSE 管理活动相结合，形成明确具体的目标和任务、规划行动方向、分配行动责任、和确定行动方法的相互结合的行动链。

(3) 以“持续改进”和“学习型组织”为特征

创建样板团队的基本行为理念就是“持续改进”和“学习型组织”。通过团队行为模式和个人行为模式，围绕“问题导向”和“责任担当”这两个基本点，在创新的基础上，将基本行为理念体现在具体的个人行为表现中，进而推动团队整体行为水平的提升。特别是要以现场 HSE 行为和 HSE 管理状态为着力点，以团队行为为核心，在日常的 HSE

管理活动中，在提升现场HSE工作绩效的前提下，检验、改进和完善样板团队的创建活动。同时，要认识到创建样板团队是一个不断变化，不断进步的过程，永远在路上。所以，不必追求多么“完美”，只要有比较优势，就是“样板”！这可能是一件事，一次过程；也可能是一个班组，一个部分。

（4）员工是永远的起点和终点

创建样板团队的基础是“员工”，HSE管理绩效的创造者也是员工，而良好的现场HSE行为和HSE管理状态所保护的还是员工！尊重和发挥团队成员的能动性和个人能力是样板团队的最根本的特征。因此，要在全过程中注重创造让团队成员发挥自己的能力和展示自己的才智的机会与平台，从而形成“优秀的团队，优秀的我”的氛围。

第九章 HSE 监管工具

第一节 HSE 管理云平台

一、什么是“HSE 管理云平台”？

HSE 管理云平台是一种采用 B/S 架构以及简单对象访问协议（SOAP）、XML 等面向应用集成和数据交换的标准和技术的应用程序。它综合应用物联网、GPS 定位、视频监控与智能识别、移动应用等现代化信息技术，为石油化工工程建设和检维修项目 HSE 管理用户提供相关信息服务。

二、总体功能架构

涵盖工程建设和检维修项目日常 HSE 监管的主要业务以及人员、设备、风险管理、作业现场控制、考核评估等各个方面，实现从项目管理策划、人员培训、设备入厂检查、现场监督到绩效考核的全流程信息化、标准化和智能化监管。

具备 HSE 管理策划、人员培训、设备入厂检查、作业过程控制、视频与定位监控、承包商考核、安全监管报告、应急与远程协助、项目动态信息、数据采集设备管理、资源库管理、基础信息库管理、地理信息展示平台、异常报警与主动推送功能。见图 9-1。

三、系统技术架构

采用典型的 Browser/Server（B/S）结构，见图 9-2。客户端直接使用用户电脑浏览器访问云平台即可实现系统的全部功能。采取分层方式搭建，每一层相对独立地完成一项技术任务，并以技术服务的方式提供对上下两层的接口，保持层与层之间的透明性；各层之间由通信服务实现连接，通过信息化制度与标准保障协调工作。每一层不以服务于单一应用目的而存在、构建，而是以所有应用目的而存在、构建。

1. 数据源层

数据分为结构化数据、文件数据和流媒体，通过面向现场的数据集成总线或者数据抽取层进入企业安全管理核心数据库及文件系统。

（1）数据采集设备

通过射频识别（RFID）设备、全球定位（GPS）胸卡、无线气体监护仪、防爆手持终端等数据采集设备获取实时数据，通过数据集成平台直接把实时数据或者整理加工后的综合信息加载到关系型数据库中，实时数据可被各个应用系统使用。

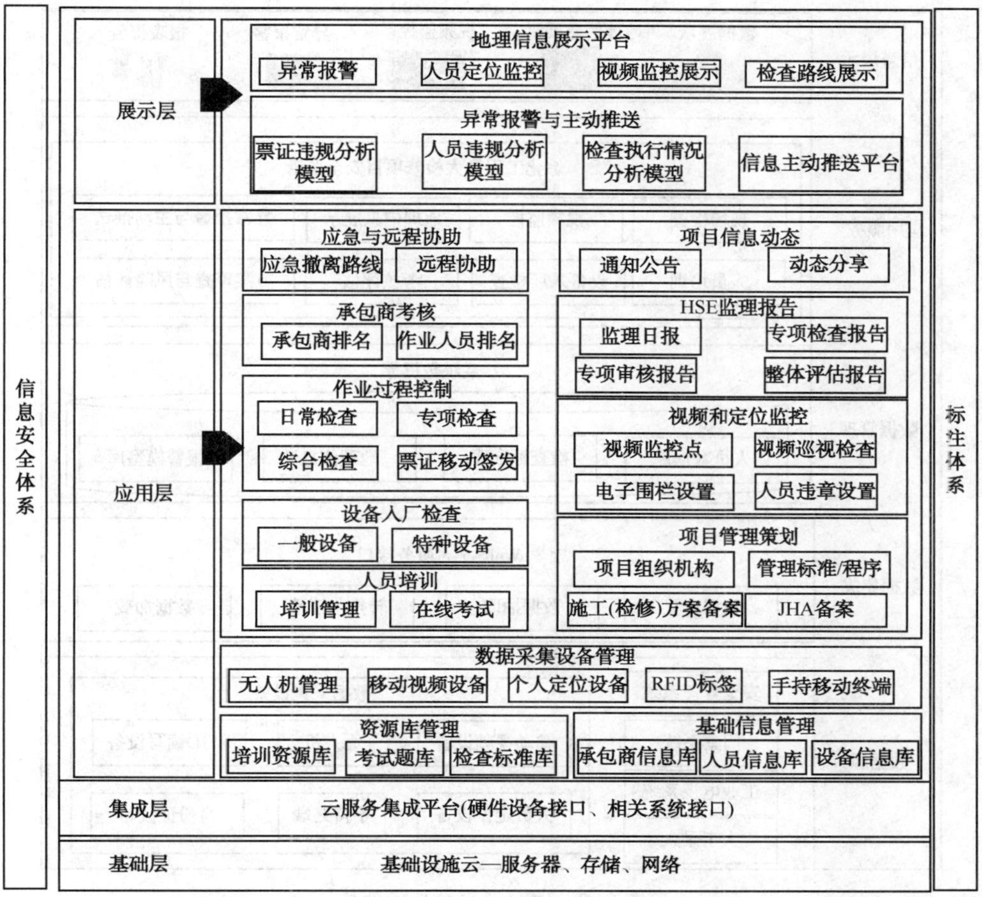

图 9-1　HSE 云平台功能架构

（2）安全管理系统

主要用于交换企业安全管理系统中承包商管理、作业许可管理和安全检查等模块的信息。

（3）门禁系统

主要用于交换承包商人员入厂信息。

（4）人工录入数据源

通过人工录入的数据，如培训记录、设备入厂信息、现场检查等。

（5）工业电视系统

以视频格式存储的数据。

2. 数据集成

采用集成适配器等数据集成技术和工具，实现对实时数据、关系型数据、可扩展标记文本(XML)数据等各种类型的数据进行抽取及清洗，传送到系统核心数据库。

（1）数据定义

包括数据内容定义及集成规则定义。数据内容定义包括定义源数据和目标数据的内容、格式及转换方式，如数据来源，数据字段，数据类型，数据语义等；集成规则定义

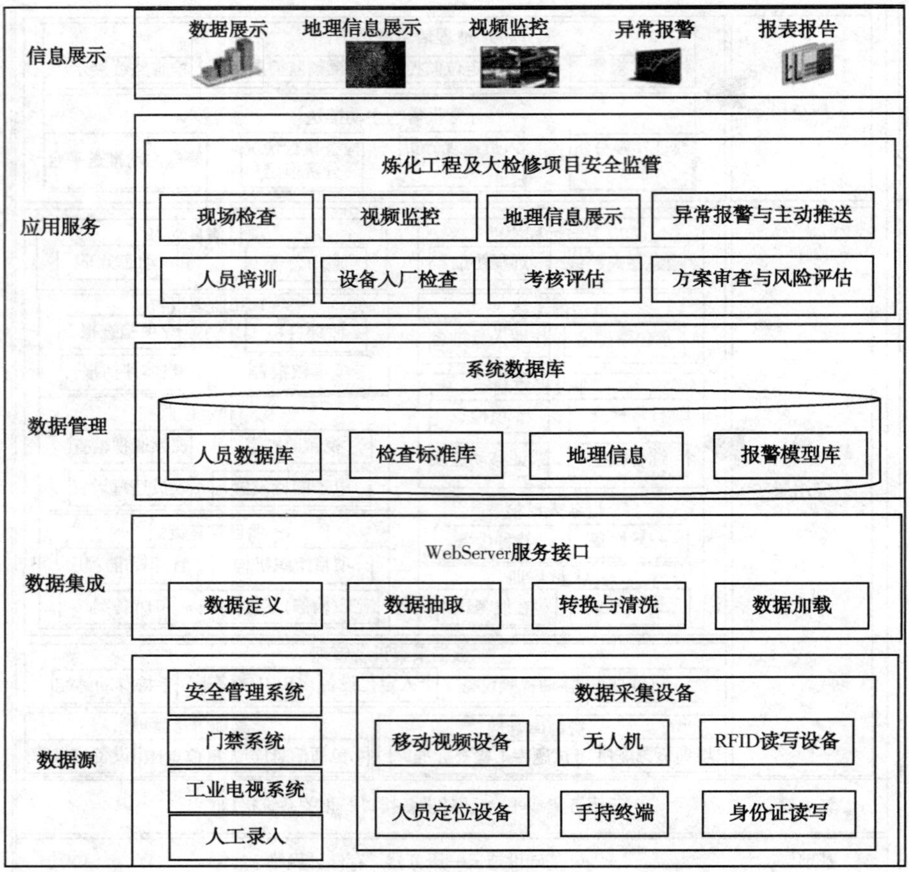

图 9-2　HSE 云平台技术架构

包括周期定义、集成方式定义等。

（2）数据抽取

实现从各类异构数据源中提取数据，数据源类型包括：关系数据库；实时数据库；各种应用系统接口，如 WebService（Web 服务）等；XML 文件；文本文件等。

（3）转换与清洗

根据数据标准，实现数据转换与清洗，主要包括：数据类型转换，数据格式转换，字段合并，字段拆分，记录合并，记录拆分，字段补齐，冲突解决，无效数据处理，异常数据处理等。

（4）数据加载

将经过转换与清洗的数据存储到安全管理系统的核心数据库中。根据集成方式的不同实现不同的加载策略，如初始加载、全量加载及增量加载等。

3. 数据管理

负责集中的数据管理，即平台核心数据库。平台核心数据库包含各专业应用数据库，为 HSE 云平台各业务模块提供模型数据支持及业务动态数据存储，由人员数据库、检查标准库、地理信息库、报警模型库共同组成。

4. 应用服务层

为各个应用模块共享，提供各业务模块可以共用的服务，实现各自专有的服务。针对现场的作业活动的过程监管，通过防爆手持终端、RFID 读写器及标签、GPS 监控设备等，结合安全管理业务的监管及报警需求，实现作业过程运行过程监控和预警。

5. 信息展示层

基于应用服务层提供的各项功能，对各应用模块提供信息展示的支持。提供的功能包括：业务数据展示，提供多种多样的数据展示形式，包括列表、详细表单、图形、图表、报表等；地理信息展示，通过 GeoServer 开源地图服务器+OpenLayers 展现技术实现地图信息的展示；视频监控，以视频形式为用户提供相关监控数据；异常报警，电子围栏报警、人员违规报警、无线气体监控报警等；报表报告，提供灵活的报表报告及综合查询功能。

四、运行环境

1. ECS 服务器配置

云服务器(ECS)服务器是一种处理能力可弹性伸缩的计算服务，具有自助管理、数据安全保障、自动故障恢复和防网络攻击等高级功能。可简化开发部署过程，降低运维成本，构建按需扩展的网站架构，更适应互联网应用快速多变的特性。

采用大规模分布式计算系统，每份数据多个副本；单份损坏可以在短时间内快速恢复；安全组之间采用防火墙隔离；可杜绝地址解析协议(Address Resolution Protocol, ARP)攻击和计算机物理地址(MAC 地址)欺骗；有效防护 DDoS(Distributed Denial of Service)攻击，可进行端口入侵扫描，挂马扫描，漏洞扫描等；可用性高达 99.9%，支持云服务器故障自动迁移，恢复速度快，云服务器信息不变(IP 信息，磁盘等)；采用绿色节能多线路机房，多线路独享带宽有效解决带宽瓶颈；灵活扩容，计算资源可弹性伸缩，可以按需变更服务器的配置。

2. 客户端配置

操作系统：Windows XP SP3 以上；

浏览器：Google、火狐、IE9.0 以上(包括使用 IE 内核的其他兼容浏览器)等主流浏览器；

Office：2007 及以上版本。

五、安全设计

1. 认证管理

用户登陆后，用户信息已写入到会话中。在该浏览器上，用户通过输入地址可以实现登陆到某一操作页面的控制。通过使用 .NET Framework MVC(模型-视图-控制器框架)中的监听器来解决用户通过地址的恶意登陆。监听器在 Web 服务器监听每一浏览器的访问请求，在请求时，可以验证用户是否访问该请求，若不允许用户登陆，则提示用户非法操作。

在 B/S 应用中，用户登陆后的信息放入 Session(浏览器与服务器的会话，浏览器一旦关闭，这些信息将全部丢失）中。这些信息全部存放在Web服务器，并由Web服务器来对这些信息进行管理控制。

2. 用户管理和权限控制

平台权限采用逐级的范围控制方式，一个用户有若干角色，一个角色由若干功能模块组成、一个功能模块由若干操作组成、一个操作由被指定操作的范围。见图9-3。

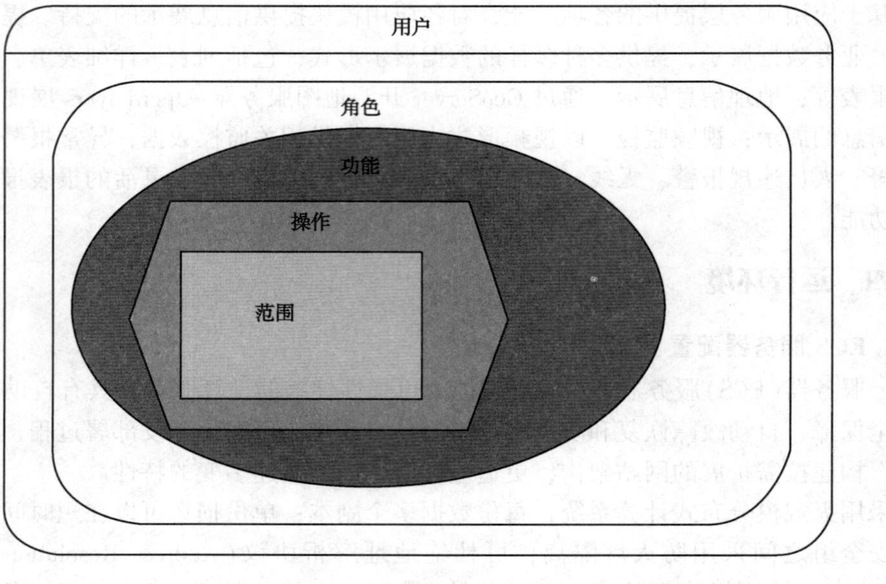

图9-3 系统权限示意

将平台中的操作控制分为功能控制和操作方式控制。功能控制是指用户对某一报表或对象有操作权，例如：A用户可以操作调运管理，而不能操作基础信息，B用户既可以操作调运管理也可以操作基础信息，则视为B用户包括A用户的相关功能。

操作方式控制是指针对某项业务报表所具有的操作方式，通常有：浏览、维护（包括增、删、改，若管理再细化也可以将这三种数据库操作分别列成不同的操作方式）、审核、审批等。例如：A用户可以对基础信息进行浏览操作，则B用户不仅可以对基础信息进行浏览，还可以进行编辑操作。

3. 安全备份机制

（1）异地多点备份

在每天服务器访问量最低的时间做一个数据的多点备份，每份数据多个副本；单份损坏可以在短时间内快速恢复，以防意外的数据丢失或损坏。

（2）云盾防护

提供四到七层的分布式拒绝服务（DDoS）攻击防护，防护类型包括伪装攻击（Challenge Collapsar）、拒绝服务攻击（SYN flood）、流量型攻击（UDP flood）等所有DDoS攻击方式。主机入侵防护：提供包括密码暴力破解、网站后门检测和处理、异地登录在内的反入侵服务。WEB防火墙：提供WEB攻击防护防火墙，能有效拦截SQL注入，XSS跨站等类型的WEB攻击。

（3）实时云监控服务

收集获取 ECS 服务器资源的监控指标，探测互联网服务可用性，针对指标设置警报。云监控服务能够监控 ECS、关系型数据库服务（Relational Database Service，RDS）和服务器负载（Server Load Balancing，SLB）等各种服务资源，同时也能够通过超文本传输协议（HTTP），控制报文协议（ICMP）等通用网络协议监控互联网应用的可用性。借助云监控服务，可以全面了解 ECS 服务器资源使用情况、性能和运行状况。借助报警服务，可以及时做出反应，保证应用程序顺畅运行。

六、功能实现

平台包括项目信息、人员培训、设备管理、风险评估、现场管理、考核评估、应急管理、资源库管理、远程协助、基本信息维护、异常报警主动推送与处置、地理信息综合展示、视频实时监控等功能模块。见图 9-4。

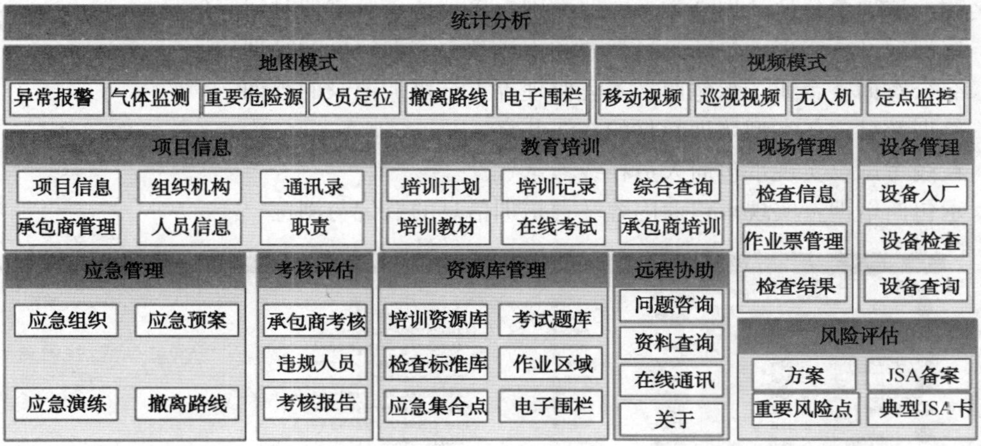

图 9-4　平台功能模块设计

1. 项目信息

实现项目基本信息、组织机构、人员信息、承包商信息、职责信息的维护功能。项目概况页面见图 9-5。

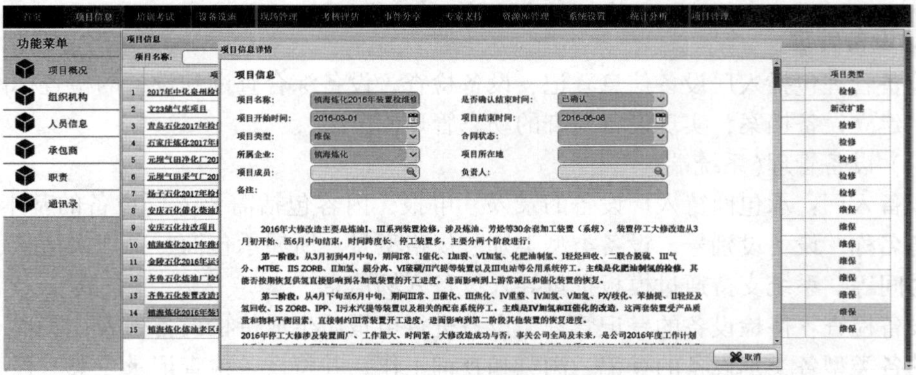

图 9-5　项目概况页面

项目信息：项目信息维护，实现项目基本信息的登记维护。

组织机构：企业、承包商、工程监理、安全监理等各方组织机构的信息浏览查询。

通讯录：本项目涉及业务人员的通讯信息的检索浏览，包括姓名、部门、身份信息、入场证信息、工号、职位、职责范围、通讯信息等内容。

承包商管理：本项目涉及承包商信息的登记维护，内容包括承包商类型、安全生产许可证、人数、责任区域等信息。

职责：本项目涉及各方机构的职责信息。

2. 人员培训

包括现场作业人员培训计划、培训记录信息维护、人员综合查询信息统计以及培训教材、在线培训功能。实现项目各级教育培训计划的登记上报、培训教程的登记和共享、培训记录的登记、培训台账的生成及查询统计。人员信息综合查询页面见图 9–6。

培训计划：承包商入场教育和现场教育培训计划的登记、浏览和查询，内容包括计划名称、培训单位、计划分类、专业类别、培训地点、培训时间等信息。

培训记录：实现承包商入场教育和现场教育培训记录的管理。

综合查询：企业、承包商、工程监理等人员培训记录的查询。

培训教材：各类型培训教材的在线共享。

在线考试：实现承包商人员在线考试。

承包商培训：实现承包商内容教育培训信息的登记与浏览。

图 9–6　人员信息综合查询页面

3. 设备管理

设备管理包括入厂设备信息登记、设备检查、设备综合查询和设备的检查标准维护功能，建立设备档案，实现设备检查的动态管理。

(1) 设备管理(系统端)

设备入厂：承包商待入厂设备的录入、申报，内容包括需要入厂设备的基本信息，如设备名称、设备设别号、设备类型类别、规格型号、所属承包商、责任人信息、计划入厂时间等。系统支持通过模板批量导入设备入场信息。

设备检查：待检设备的登记管理，设备进行申报后生成待检设备列表，实现不同承包商的各类型各类别设备的登记、浏览和查询工作，并将设备检查记录在案。移动端和系统端保持信息的同步，可以现场和办公室操作相结合。

检查结果：入厂设备检查情况的汇总、查询、浏览。见图 9-7。

图 9-7　设备检查结果页面

设备查询：所有设备状态的汇总、分类查询和浏览

检查标准：实现项目各区域各设备的检查评比标准的维护，为实施标准化检查提供依据。

（2）设备管理(移动端)

设备检查：在防爆手持终端中打开对应的待检查设备列表，按照检查列表中的设备项目和检查标准，逐项检查并确认，如检查过程中发现不符合，将问题记录并保存，完成整个检查任务后，提交任务。设备信息入厂检查页面见图 9-8。

图 9-8　设备信息入厂检查页面

设备登记：在防爆手持终端上进行承包商入场设备的登记和上报。

NFC：通过检查的设备发放电子标签，将检查记录和设备信息通过 NFC 读写器写入到电子标签中，将其有效纳入安全监管。

4. 风险评估

实现方案、JSA 备案、典型 JSA 卡、重要风险点信息的维护和附件预览功能。能够及时掌握各项目风险的分布及控制措施的落实情况，并可查询各级风险及措施落实情况，浏览有哪些危害、主要后果、措施及落实情况等详细信息。方案管理页面见图 9-9。

图 9-9　方案管理页面

方案：本项目涉及的已批准的施工方案或检修方案的登记、查询和浏览。

JSA 备案：本项目涉及的作业危害分析表的登记、查询和浏览。

典型 JSA 卡：实现对典型 JSA 卡的查询与浏览。

重要风险点：本项目涉及的重要风险点的登记、查询和浏览，包括风险点所在区域、地点、类型。

5. 现场管理

现场管理包括日常检查、专项检查、综合检查、作业票证管理功能，主要实现现场检查问题统计、检查信息登记、检查问题发现和整改以及作业票管理。

（1）现场管理(系统端)

检查信息：日常检查、专项检查、综合检查的检查信息登记、问题发现、问题处置。

检查结果：关联检查信息模块的记录，实现现场检查问题的登记、分类查询和浏览，下发整改单、复查验证。也可人工录入现场检查临时发现的问题。现场检查结果页面见图 9-10。

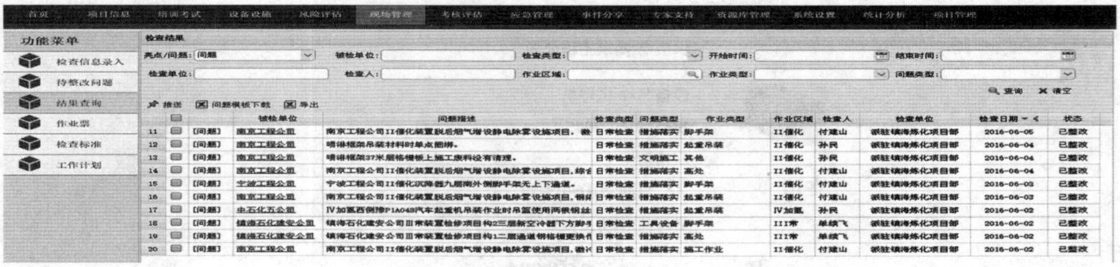

图 9-10　现场检查结果页面

检查标准库：可在此导入和浏览检查标准，实现标准化检查。

作业票管理：作业票证信息的登记、查询和浏览、作业票证移动定位签发以及实时地图展示，实现作业票证定时间、定位置、定人员和定单位的移动签发，作业项目与作业票证的实时地图展示。作业票管理页面见图 9-11。该模块也可以从中国石化安全管理信息系统“作业许可管理”模块提取数据。

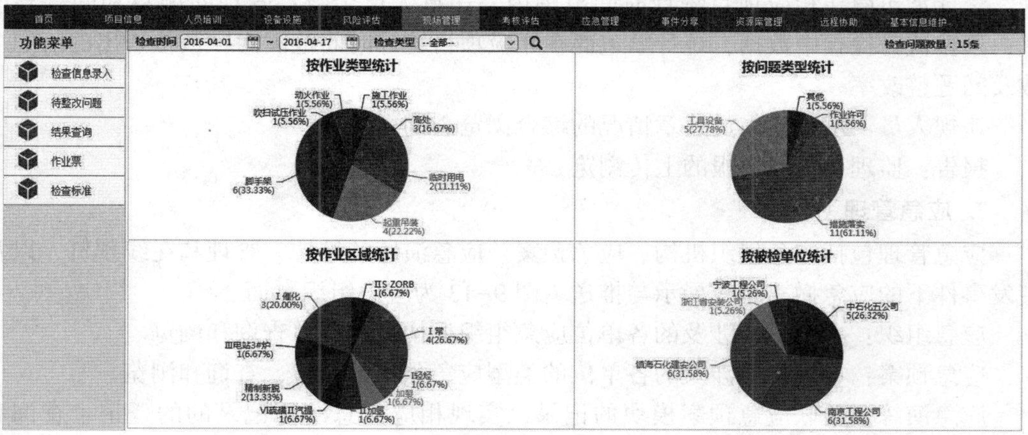

图 9-11　作业票管理页

（2）现场管理(移动端)

现场管理页面见图 9-12。

图 9-12　现场管理首页

检查信息：在防爆手持终端上进行检查信息的操作。

检查问题：在防爆手持终端录入现场检查的问题。

问题验证：在防爆手持终端进行问题验证，关闭问题。

现场拍照：在防爆手持终端检查问题的拍照记录。

票证新增：在防爆手持终端上进行(新增)填写作业票的操作。

票证签发：在防爆手持终端中打开对应的作业票，进行编辑，在主要安全措施和许可证签名处签名，利用 GPS 坐标位置对比，限制作业票签发及安全措施确认必须到达作业区域，同时完成票证状态从执行中到待验收状态或完成状态的操作。

票证验收：对待验收的作业票证，进行作业许可验收信息(包括验收通过、撤销、作废)的填写操作，并改变票证状态至完成。

6. 考核评估

包括承包商考核、承包商人员考核、承包商黑名单以及考核报告管理等功能。系统中，可以对承包商排序，也可以查询到每一名员工的具体情况：

承包商考核：利用人员培训和现场管理模块中的记录，按照参加培训人数、培训合格率、违章人员数、发现问题数、问题整改率进行自动排序。参加培训人数和培训合格率，根据人员培训中数据，统计承包商在相应项目统计时间范围内，承包商人员参加培训情况及培训合格情况；违章人员数，根据视频监控点、电子围栏及日常检查记录的数据，统计承包商在相应项目统计时间范围内，违章人员个数；发现问题数和问题整改率，根据监督检查中数据，统计承包商在相应项目统计时间范围内，被检查出的问题个数及问题整改率。

违规人员：承包商人员违章情况的综合浏览查询。

报告：监理日报、周报的上传浏览。

7. 应急管理

应急管理包括应急组织机构、应急预案、应急演练的维护、管理和在线预览，以及突发事件下的应急撤离路线展示与推送。图 9-13 为应急组织页面。

应急组织：本项目所涉及的各单位应急组织机构的登记、查询和浏览。

应急预案：本项目所涉及的各单位的类型应急预案的登记、查询和浏览。

应急演练：关联应急预案模块的记录，实现相应应急演练记录的的登记、查询和浏览。

应急撤离路线：在不同的区域，事先设置好撤离路线。当相关人员第一次到达这个位置时推送应急撤离路线短信到用户手机上，通过手机短信可以打开链接可以查看相应的应急撤离路线图片。

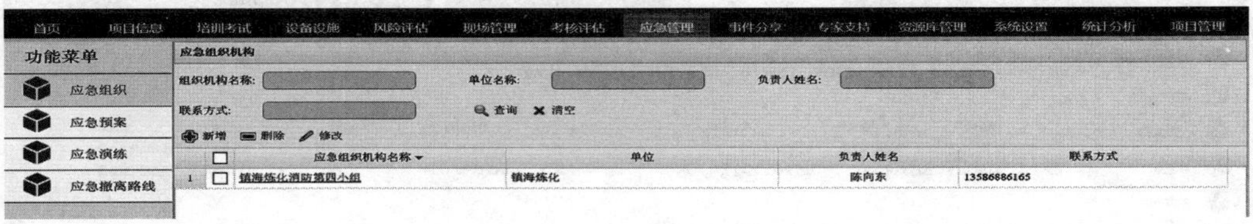

图 9-13　应急组织页面

8. 资源库管理

培训资料库：实现录入培训教材，实现培训教材在单位内部共享学习。

考试题库：实现对培训题库的新增、编辑、删除等操作，实现教育培训考试题库的建立。

检查标准库：实现检查标准库的录入及管理功能，为制定标准化检查提供依据，方便制定各类标准化的检查任务。

作业区域：实现地理信息的维护作业区域，为界定责任区域、制定电子围栏等提供依据。见图 9-14。

电子围栏：实现地理信息的维护制定电子围栏。

应急集合点：实现在地图上维护应急集合点，便于应急时查看。

9. 远程协助

问题咨询：针对云平台用户实现在线问题咨询与专家解答。

资料查询：FAQ 常用问题查询。

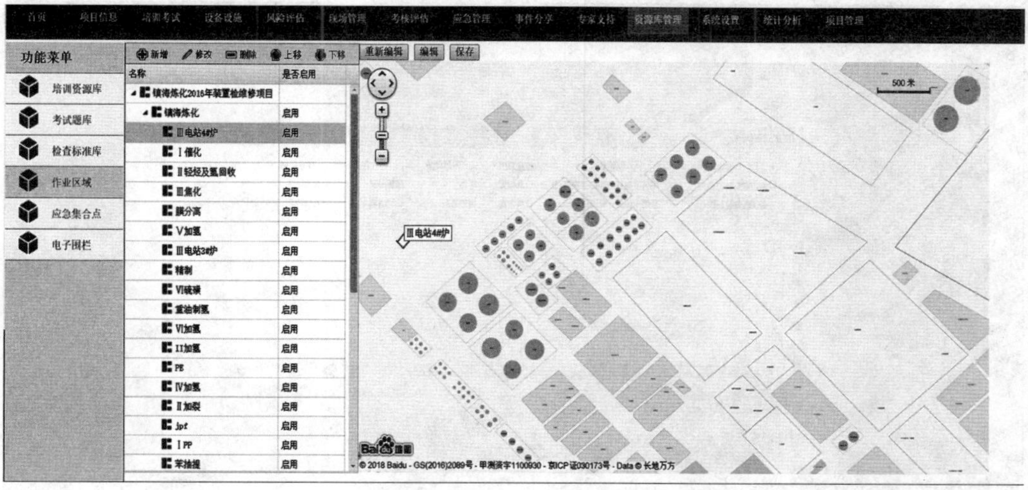

图 9-14　作业区域页面

10. 基本信息维护(图 9-15)

承包商信息：实现系统承包商信息的维护和浏览功能，并与项目组织机构模块的数据同步。

人员信息：实现对系统中企业、承包商、监理人员信息的维护和浏览功能，并与项目组织机构模块的数据同步。

设备信息：实现对承包商设备信息的维护和浏览功能，并同设备台账的数据同步。

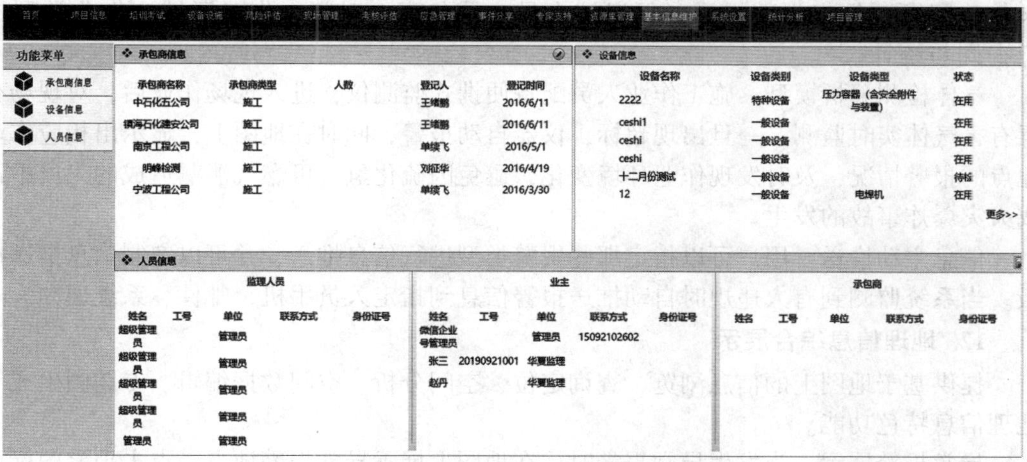

图 9-15　基础信息维护首页

11. 异常报警主动推送与处置

异常报警根据票证违规分析模型、人员违规分析模型、检查执行情况分析模型、气体检测分析模型，主动推送和在地图上显示报警信息。见图 9-16。

票证违规报警模型：根据票证记录，自动分析“一点多票、多点一票”的票证、票证执行日期是否与制度吻合等违规记录，并给出报警提示；可以以地图的形式实时查询当前正在施工的票证，当有票证违规时实时提示，也可以以地图的形式查询票证违规历

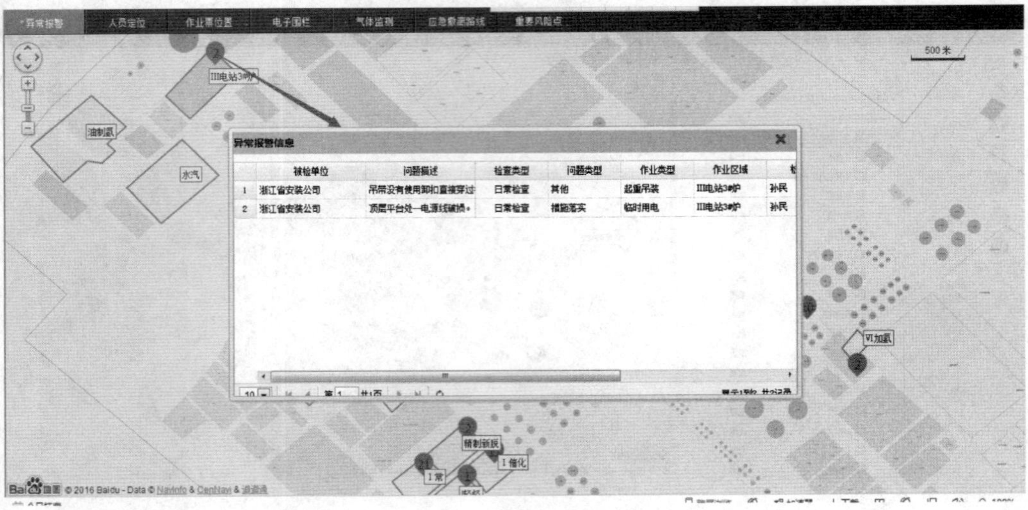

图 9-16　异常报警页面

史记录，可按时间、票证类型、承包商等查询票证违规情况。

人员违规报警模型：根据报警设置条件自动和人工记录的报警数据，主要包括录像与抓拍、日志记录等数据对比分析，并给出报警提示；可以对人员违规进行图形化展示，可以按人员、按承包商、按时间进行查询。

检查执行情况分析模型：根据巡检记录的信息，可进行巡检人员轨迹回放，查询巡检记录的问题，并依据检查问题及整改情况，自动对比问题整改期限，对超期未整改问题，给出报警提示，可以按人员、承包商、时间、作业区域、作业类型进行查询与统计。

气体检测分析模型：施工作业人员配备便携式监测仪，进入现场作业后，对现场有毒有害气体实时监测，一旦出现超标，仪器自动报警，同时在地图上，显示出相应作业地点的报警情况，及时发现作业环境变化，避免因硫化氢、可燃气泄漏造成的人员中毒或火灾爆炸事故的发生。

信息主动推送：用户可以指定那些报警类型进行信息推送，并可以定制信息推送模板。当系统监测到有人违规时自动推送报警信息到指定人员手机、邮件、系统通知。

12. 地理信息综合展示

提供基于地图上的信息浏览、查询定位、空间分析、空间数据编辑、专题图生成等地理信息特色功能。

异常报警展示：当发生异常报警时，在地图上展示异常报警地点，点击报警图标可查看报警信息。

人员定位：作业人员和安全管理人员携带 GPS 相关设备，实时定位其位置，地图可展示人员的实时位置，点击人员位置图标查看人员信息、当前作业信息。

作业票位置：以地图的形式实时查询当前正在施工的票证，点击作业票图标可以查看具体信息。详细页面见图 9-17。

电子围栏：电子围栏使用虚拟 GPS 信息，从地图上绘制出电子围栏范围。当人员进入或离开围栏范围，自动推送报警信息。

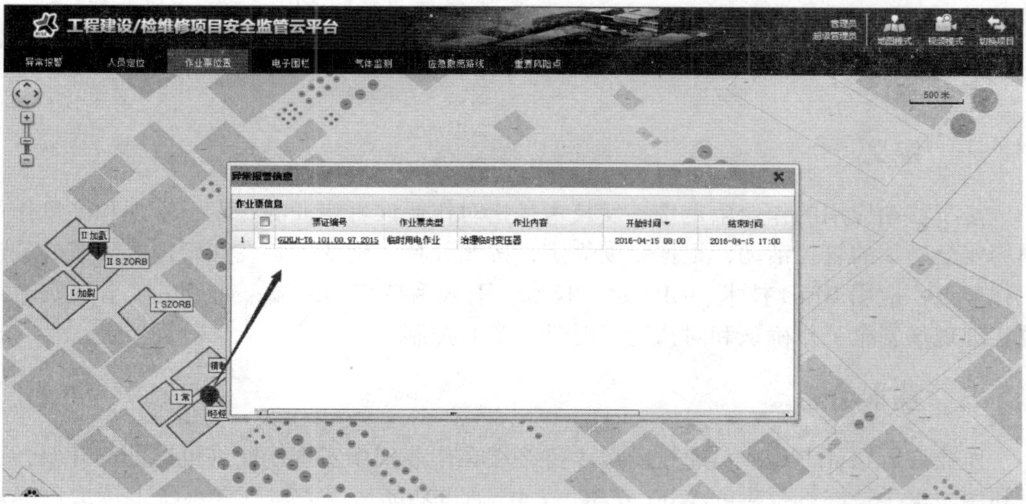

图 9-17　作业票位置页面

气体检测：在地图上显示出相应作业地点的气体检测报警情况。

重要风险点：在地图上显示重要风险点所处的位置。

13. 视频实时监控

（1）无人机视频监控：使用无人机，与 GIS 地图结合，实时展示无人机当前位置，点击无人机展示无人机拍摄到的影像。

（2）视频监控点：使用成熟的视频监控平台，与 GIS 地图相结合，实现视频点位的管理。

（3）视频巡视检查分为以下四方面。

① 实时图像点播显示：按照指定设备指定通道进行图像的实时点播，支持点播图像的显示缩放抓拍和录像，支持多用户对同一图像资源的同时点播，要求 IP 摄像机流媒体服务器设备及网络支持 IP 流媒体技术。各级应用人员可根据权限利用客户端软件浏览前端监控点的实时视频图像，兼容基于前端设备的录像回放下载和集中监控回放与下载。

② 存储和备份：监控控制平台的数据库在记录图像信息的同时还应记录与图像信息相关的检索信息，如设备通道时间报警信息等。平台应能存储视音频信息并保持一定时间；对需要长期保存的信息可配置专用存储设备，进行存储备份。

③ 历史图像的检索和回放：按照指定设备通道时间报警信息等要素检索历史图像资料并回放和下载；回放应支持正常播放快速播放慢速播放画面暂停图像抓拍等；支持回放图像的缩放显示。监管部门可以随时查询录像文件资料，对实时和非实时网点录像资料操作日志报警信息等进行查阅。

④ 电视墙控制：支持虚拟化布局、多机构多电视墙管理、自定义电视墙视图预案和多预案轮巡、电视墙内视频显示位置移动、多种电视墙解码模式、某个摄像机分组在某个分割显示单元内轮巡、一键自动轮巡，系统自动分组轮巡、手机控制操作。

第二节 基于移动应用的作业票定位签发技术

一、定义

基于移动应用的作业票定位签发技术是指对作业许可票证的签发、管理和高危作业现场安全确认的管控活动，根据制度规定，按照开具、确认、签发和管理等环节的关键流程节点，应用 RFID 技术、GPS 定位技术，引入手持移动终端，通过员工卡和实时定位实现现场安全工作确认和对执行情况进行实时控制。

二、基本功能

作业许可票证办理人员通过防爆手持终端在作业现场实现作业许可票证的开票，也可利用防爆手持终端提供的 WiFi 或 3G 或 4G 通讯功能从服务器软件系统上读取已经填写完毕的作业许可票证，开票过程中通过在地图上选取施工作业地点坐标，来记录作业票证的签发位置。

作业票证填写完毕后，防爆手持移动终端读取现场确认人员和作业票签发人员的员工卡，确认其具有相应的作业票签发资质，然后相关人员在防爆手持移动终端上进行作业许可票证安全防范措施落实后的确认签字及进行作业许可票证签发，各级签发人的签字应以图片的形式存储其签名，相关人员在防爆手持移动终端上签字的过程中通过防爆手持移动终端配置的 GPS 模块对签字人所在位置进行定位，并与票证上从地图上选取的坐标点进行比对，符合签发距离规则才允许其签字，从而达到在票证选定的区域内才能进行作业票证签发的目的。作业执行完毕后，相关人员可在防爆手持移动终端对作业许可票证的完工情况进行验证，实现作业许可票证的完工验收信息的录入和确认。见图 9-18。

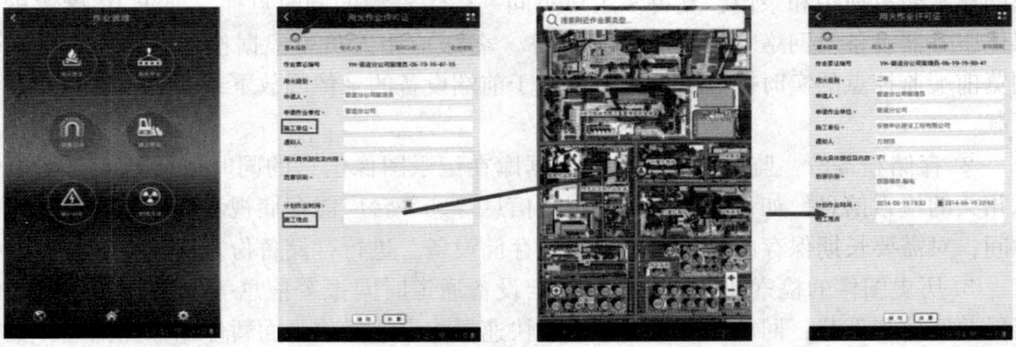

图 9-18 移动作业许可 GPS 位置匹配示意图

第三节 基于互联网的现场个体安全监测技术

基于互联网的个体安全监测技术包括便携式个体安全检测仪器和安全监护管理软件两部分组成。便携式个体安全检测仪器具备检测危害气体浓度、携带者状态、定位、报警等功能，通过 GPRS 基础网络将检测数据实时上传到数据服务器，同时，可以接收服务器短消息，获取监护人员提供的安全预警信息。安全监护人员通过移动平台或者电脑利用安全监护管理软件查看生产现场工作人员所处位置、安全状态、现场危害气体浓度等信息，根据区域危害气体浓度变化、人员活动状态变化做出预警处理，并且将预警信息发送给现场作业人员。

安全监护系统结构见图 9-19。

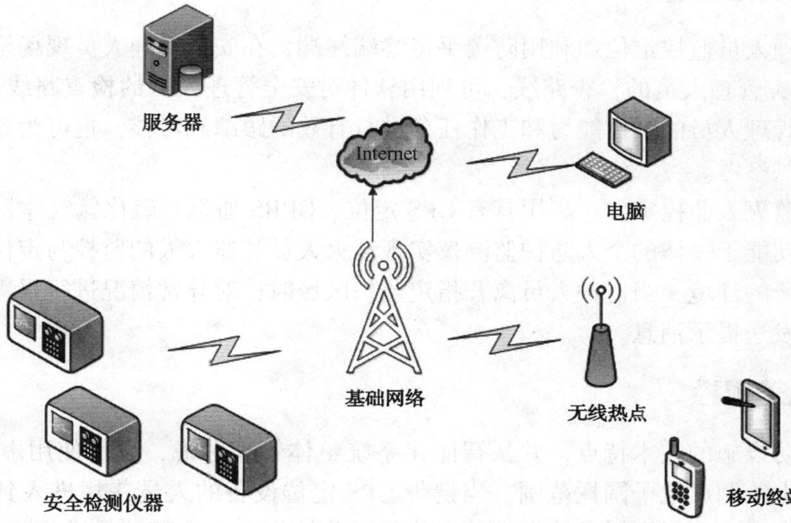

图 9-19　安全监护系统结构

第四节　基于互联网的现场人员识别与监控技术

一、什么是“基于互联网的现场人员识别与监控技术”？

基于互联网的现场人员识别与监控技术是指利用相应电子技术和网络技术，对作业人员资质情况进行识别，对相关作业人员进出进行情况监控，对安全管理人员现场检查活动实时监控，对监护人员实时定位，在紧急情况下为人员疏散提供参考。

二、技术构成

将视频监控技术应用到现场安全实时监控上，通过无人机、Go PRO、高点监控摄像头增强视频监控巡视，同时集成 RFID 电子标签、GPS 系统、工业气体检测、虚拟电子围栏等多项技术，构建现场人员违规智能化监控报警系统。

三、人员识别管理

作业人员在培训合格后发放电子标签，电子标签中记录持卡人员的身份信息、培训和特种作业资质情况。安全管理人员可持手持移动终端在作业现场读取持卡人电子标签中的各类信息，从而开展作业现场人员资质一致性检查。

四、作业人员进出管理

作业人员携带远距离识别卡，在离读卡器 10m 左右的位置就能被识别到，读卡器把接收到的识别卡的信息通过网络发给服务器。通过软件记录下，作业人员什么时间进厂什么时间出厂，从而方便有效的实现的人员进出监控功能。

五、人员定位管理

安全管理人员监控定位：利用防爆手持终端终端，在安全管理人员现场检查时记录其 GPS 信息，管理人员的检查路线，可利用软件对安全管理人员的检查路线进行回放，实现对安全管理人员的工作能力和工作任务进行有效的跟踪和考核，也可为紧急情况下人员疏散提供参考。

动火和监火人监控定位：利用具有 GPS 定位、GPRS 通讯、硫化氢气体检测和可燃气体检测等功能于一体的个人防护监测仪实现动火人员和监火人的监控与定位，并实时采集作业场所的环境，当监护人员离开指定监护区域时，对异常情况进行报警提示，同时通过终端发送提示消息。

六、电子围栏

结合安防设施的技术特点，并从智能化系统整体管理考虑，设计使用虚拟 GPS 信息，从地图上绘制出电子围栏范围。当携带 GPS 定位设备的人员违规进入到所绘制电子围栏的范围时，电子围栏系统发出警报信号，监控中心对报警信号进行接收和处理，电脑上跳出的厂区电子地图上显示出入侵区域，监控屏幕上跳出入侵区域的现场实时画面，同时，外接的声光报警器开始报警。

七、实时视频监控

采用先进的视频监控采集技术、网络通信技术、视频数字压缩处理技术，在作业过程实现移动视频监控，以无人机、佩戴式视频单兵和便携式视频工具箱互为补充，构建视频监控系统，24 小时实时监测施工现场安全生产措施的落实情况。

视频监控系统由前段系统、传输网络和监控中心三部分组成。

前端系统负责项目施工现场图像、声音或其他信息的采集。前端监控设备主要包括分布安装在各区域的高清网络摄像头、无人机、Go PRO 运动摄像机，用于对项目现场的全天候图像监控、数据采集、安全监管，满足对现场监控远程化、可视化和历史数据可查化的要求。

传输网络可采用有线网络、无线 AP 或租用网络运行商 3G 无线网络进行传输，将采集的信息传输至监控中心。

监控中心监控设备有液晶拼接屏、矩阵软件、矩阵服务器、数字解码卡等，储存设备采用大容量硬盘，可保证采集到的信息长期存储。监控中心是本系统的核心所在，是执行日常监控、系统管理、应急指挥的场所。

视频监控系统支持实时图像点播、历史资源检索与回放、报警信息处理，实现管理的高度集中化、远程化，做到管控一体集中处理。

第五节　多维数据分析和监控报警模型

一、多维数据分析和监控报警模型

建立监控报警分析模型，实现施工作业全流程各类异常与违规报警信息的多维数据分析与异常报警主动推送与处置。

二、数据分析与监控报警模型

数据分析与监控报警模型主要包括作业票证违规分析报警模型、人员违规分析报警模型、气体监测分析报警模型、检查执行情况分析模型。

1. 票证违规分析报警模型(图 9-20)

根据票证记录，自动分析“一点多票、多点一票”的票证、票证执行日期是否与制度吻合等违规记录，并给出报警提示；可以以地图的形式实时查询当前正在施工的票证，当有票证违规时实时提示，也可以以地图的形式查询票证违规历史记录，可按时间、票证类型、承包商等查询票证违规情况。

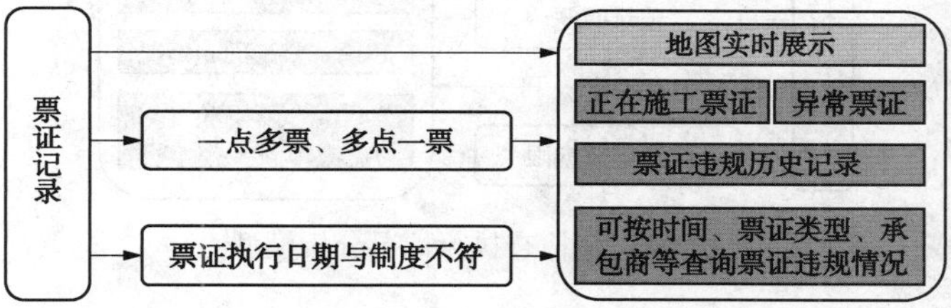

图 9-20　票证违规分析报警模型

2. 人员违规分析报警模型(图 9-21)

根据报警设置条件自动和人工记录的报警数据，主要包括录像与抓拍、日志记录等数据对比分析，并给出报警提示；可以对人员违规进行图形化展示，可以按人员、按承包商、按时间进行查询。

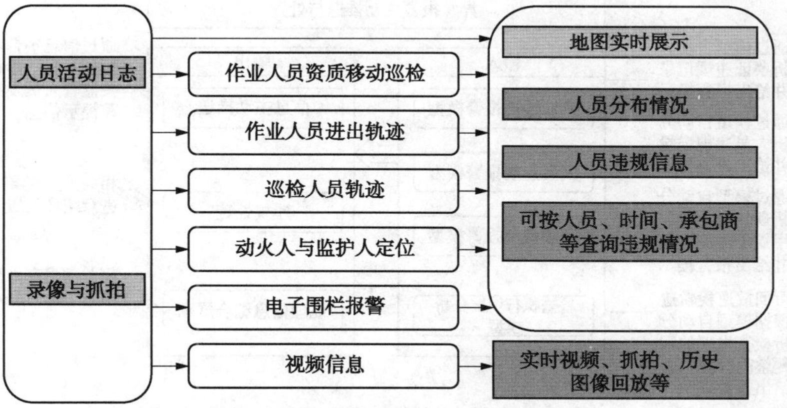

图 9-21　人员违规分析报警模型

3. 气体监测分析报警模型(图 9-22)

作业人员配备便携式监测仪，进入现场作业后，对现场有毒有害气体实时监测，一旦出现超标，仪器自动报警，同时在地图上，显示出相应作业地点的报警情况，及时发现作业环境变化。

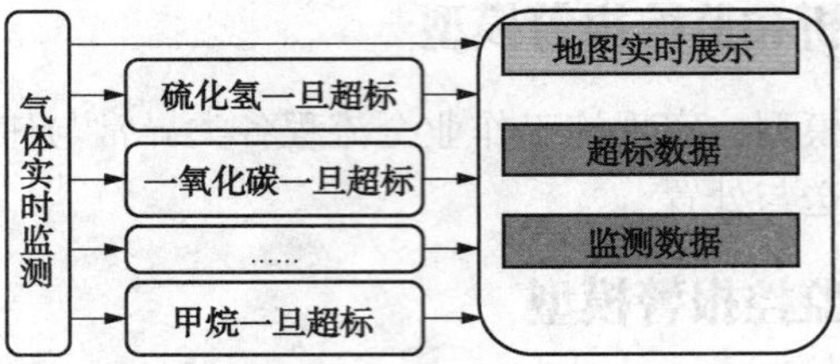

图 9-22 气体监测分析报警模型

4. 检查执行情况分析模型(图 9-23)

根据巡检记录的信息，可进行巡检人员轨迹回放，查询巡检记录的问题，并依据检查问题及整改情况，自动对比问题整改期限，对超期未整改问题，给出报警提示。

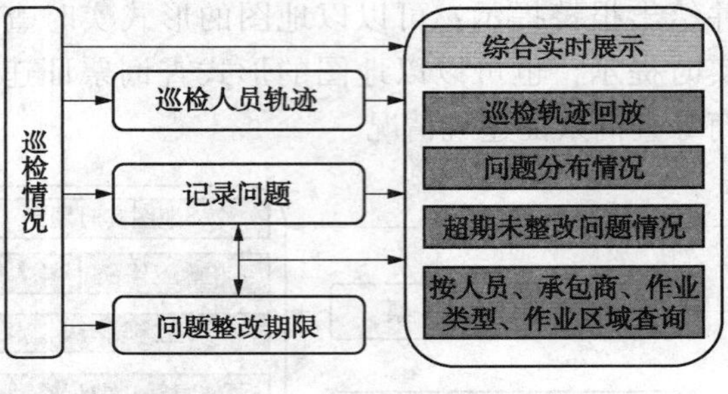

图 9-23 检查执行情况分析模型

三、异常报警主动推送与处置

根据现场作业票证记录、人员活动日志、视频录像与抓拍和现场有毒有害气体监测数据，依据票证违规报警模型、人员违规分析报警模型、气体监测报警模型、检查执行情况分析模型，对现场数据进行分析，对异常情况通过消息或短信平台给相关监管人员主动推送报警提示信息，监管人员对异常情况进行处置，从而实现现场作业全流程各类

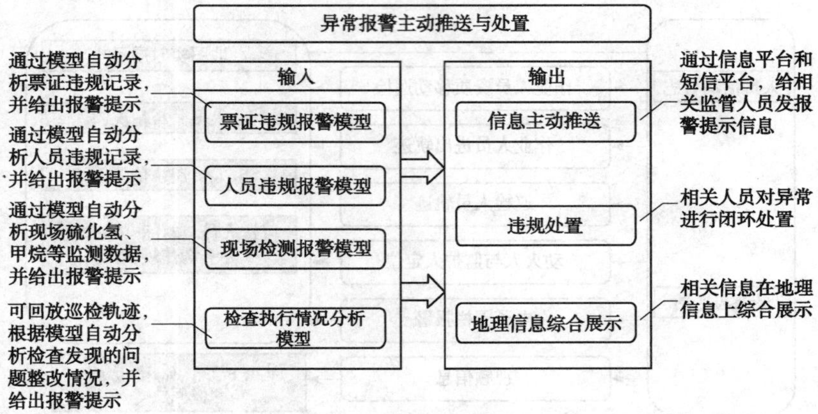

图 9-24 异常报警主动推送与处置示意

异常与违规报警信息的主动推送与处置，并在地理信息中综合展示。见图 9-24。

第六节　现场监管硬件设备

一、防爆手持终端设备

工业级模具外壳，通过本安型电路设计，符合防爆区域及 IP64 防护等级的使用要求。采用开放式的 Android 系统，集成了 WiFi 和 3G 或 4G 通讯模块；采用 7 英寸电容式触摸屏，支持重力感应，可在易燃易爆的防爆场所使用，兼具轻薄便携、操作流畅、传感器丰富、屏幕尺寸大、兼容性强、生产成本低等特点，便于拓展应用。示意图见图 9-25。

图 9-25　应用示例图

二、移动视频监控设备

以无人机(图 9-26)、佩戴式视频单兵和便携式视频工具箱互为补充，为作业现场安全监管提供有效的技术手段。

无人机视频以全景监控为主，尤其是针对人员无法达到的装置高处，包括空中信息

图 9-26　无人机

采集系统和地面控制及信息处理系统，范围广，机动性强。

佩戴式视频单兵及便携式视频工具箱采用3G/4G视频监控系统，具有图像清晰度高、流畅性好，设备更具便携性的特点。见图9-27、图9-28。

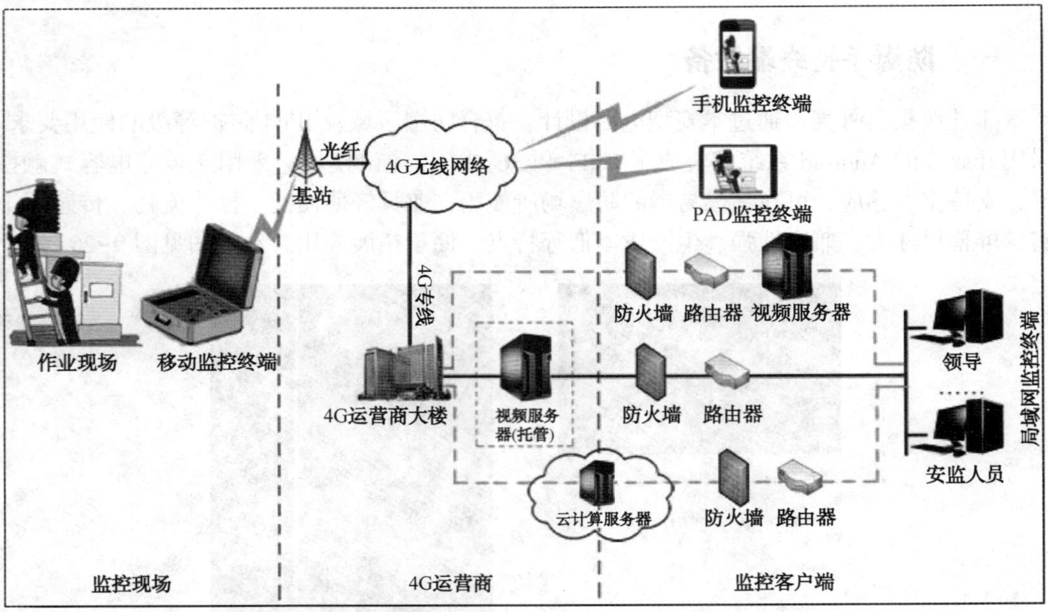

图9-27　佩戴式视频单兵及便携式视频工具箱工作示意

图9-28　佩戴式视频单兵及便携式视频工具箱实物

三、人员定位设备

采用高安全性RFID对作业人员进行身份信息标识，通过高安全性的身份标识，实现作业人员进出生产厂区/装置区的监控和管理，同时辅以GPS定位，实现在平面及立体的精确定位。厂区人员出入定位监控管理系统主要由电子标签、读卡器、通信设施、计算机及软件组成。

1. 2.4G 远距离识别卡(图 9-29)

图 9-29　远距离识别卡

2. 2.4G 远距离读卡器(图 9-30)

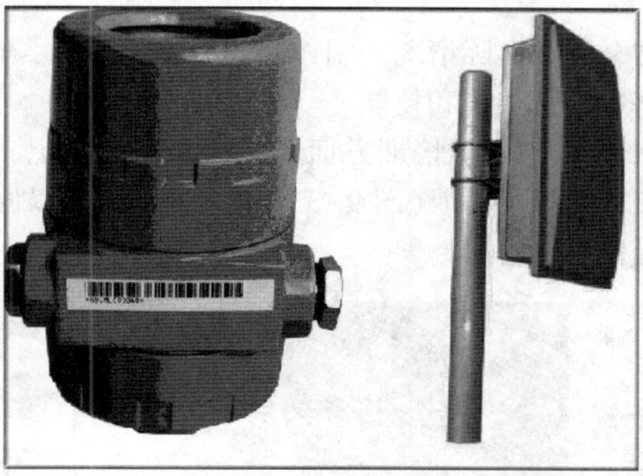

图 9-30　远距离读卡器

3. 通信设施(图 9-31)

通信设施用来将读卡器和计算机连接起来使得它们之间可以相互通信，包括各种转换设备。

图 9-31　各种通信设备

四、便携式有毒有害气体监测仪(图 9-32)

可通过 GPRS 定位和蓝牙通信方式，将跌倒时间、位置、温度、气体等状态发送至服务器，可设定报警值。

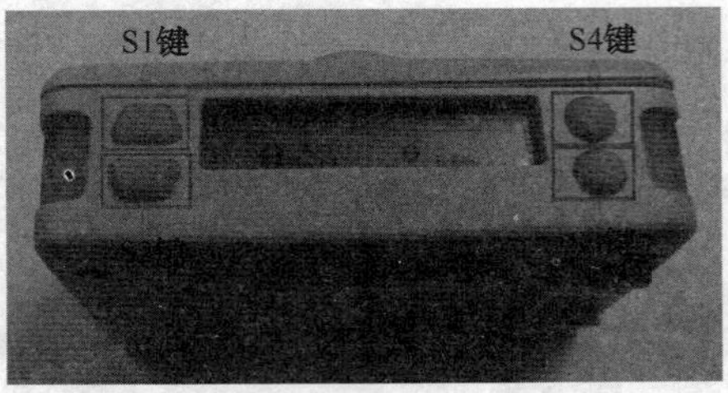

图 9-32　便携式有毒有害气体监测仪

第七节　现场 HSE 仿真实训技术

一、实物教具和口袋书

根据培训需求，结合作业实际情况，制作和使用实物教具。通过展示和互动，使学员在实景操作中掌握基本安全知识和技能。

对于一般人员的 HSE 基础知识培训方面，遵循易懂、易记、易操作、趣味性的原则，开发图文并茂的安全知识小手册(图 9-33)，人手一册，以便参检人员利用空暇时间，方便随手翻阅，延伸培训时间。

图 9-33　安全知识小手册

二、现场操作、体验式培训和仿真模拟

(1) 对于专业性较强的培训，采用课堂理论、标准讲解与现场实物指导相结合的培训方式。在课堂教学的基础上，安排学员进行现场实物作业训练，预先在培训现场依照行业标准提供一个示范样板，让学员观摩，教师同时对照实物讲解重点和要点，现场要求学员现场亲自动手体会。

(2) 对于基本的劳保佩戴开展体验式培训，现场准备五点式安全带、生命线、防坠器等，进行实物操作训练，让大部分参检人员通过直观的操作演示及切身操作体验，了解这些安全设施的正确使用方法。图 9-34 为 PPE 体验式培训设施一览图。

图 9-34　PPE 体验式培训设施

（3）对于有特殊风险和技能的培训，利用培训道具，模拟作业环境，让学员环境特点和安全要求，以及急救设施设备的操作。图 9-35 为进入受限空间作业仿真培训设施一览图。

图 9-35　进入受限空间作业仿真培训设施

（4）对于复杂系统的操作和 HSE 技能培训，利用现有仿真培训系统，定期地对操作人员进行实战化 HSE 操作培训。利用系统重构提供的实战操作模拟，对操作人员进行安全培训、应急预案演练，模拟实际操作中可能碰到的事故的组合，进而操作人员针对这些事故案例进行处理。图 9-36 为消防模拟培训设施一览图。

图 9-36　消防模拟培训设施

三、多样化的培训载体

（1）以各种会议、竞赛、专家讲座为载体进行 HSE 培训。利用简报、标语、漫画、图片、安全讲话和事故现场会等形式，开展经常性安全教育活动。

（2）对现有 PPT 课件进行更新，加入图片、动画内容。依托网络、电视、手机等大众传播平台，运用多媒体软件等学员喜闻乐见、易于接受的传播媒介进行 HSE 培训，拓展培训界面，延伸培训时间。对于一些 HSE 小常识、事故事件，利用手机进行推送。

图 9-37 为多媒体培训一览图。

图 9-37　多媒体培训

参 考 文 献

[1] 刘洋，辛平．基于第三方的项目 HSE 管理模式探讨与实践[J]．中国安全生产科学技术，2012，91，201-204.

[2] 辛平，李欣．第三方 HSE 管理的认识与实践[J]．石油化工建设，2011，3(2)，25-26.

[3] 刘洋，辛平．工程建设安全管理标准化探索与实践[J]．建筑安全，2012，2，36-39.

[4] 刘洋，辛平．提升工程项目安全管理，加强安全文化建设——论工程项目安全文化建设[J]．建筑安全，2010，2，7-10.

[5] 刘洋，辛平．石化企业大检修领域实施系统化 HSE 培训探讨[J]．工程建设与设计，2015，1，143-147.

[6] 王绪鹏，辛平．石化装置大检修第三方 HSE 管理探讨[J]．广东化工，2012，17，112/126.

[7] 李洪伟，辛平．炼化企业停工检修引入第三方 HSE 专业化管理团队的必要性[J]．中国石油与化工标准与质量，2013，23，212.

[8] 李源．国有施工企业面临的问题及对策[J]．黄金科学技术，2001，9(4)：73-84.

[9] 王战果．建设工程安全监理[M]．中国建筑工业出版社，2011.

[10] Jim Highsmith，Agile Priject Management[M]．北京：机械工业出版社，2006.

[11] [美]项目管理协会．项目管理知识体系指南(第三版)[M]．卢有杰．王勇 译．北京：电子工业出版社，2006.

[12] [美]马蒂·布隆斯坦，团队管理[M]．果剑欧，果剑非 译．北京：机械工业出版社，2007.

[13] Gray Dessler，Human Resource Management(英文第 7 版)[M]．清华大学出版社，1997.

[14] 郭仲伟．风险分析与决策[M]．北京：机械工业出版社，1987.

[15] [美]约翰·拉夫特里．项目管理风险分析[M]．李清立译．北京：机械工业出版社，2003.

[16] 中华人民共和国建设部．建设工程项目管理规范[M]．北京：中国建筑出版社，2002.

[17] 刘铁民．中国安全生产若干科学问题[M]．北京：科学出版社，2009.

[18] 刘铁民，张兴凯，刘功智．安全评价方法应用指南[M]．北京：化学工业出版社，2005.

[19] Chris Chapman. Stephen Ward. Project Risk Management. Processes，Techniques and Insights[M]．John Wiley & Sons，Second Edition May 2004.

[20] Center for Chemical Process Safety，Guidelines for Auditing Safety Management Systems[M]．John Wiley & Sons，Second Edition May 2011.

[21] European Process Safety Centre，Safety Performance Meansurement[M]．Bookcraft Ltd，Bath，Somerset 1996.

[22] John R. Schermerhorn，Jr. James G. Hunt Richard N. Osborn，Organizational Behayior[M]．John Wiley & Sons，Inc，New York，2003.